GESTÃO DO CONTENCIOSO E ROTINAS TRABALHISTAS NO ESOCIAL

GESTÃO DO CONTENCIOSO E ROTINAS TRABALHISTAS NO ESOCIAL

RUBIANE BAKALARCZYK MATOSO
VIVIANE CORRÊA

Rua Clara Vendramin, 58 . Mossunguê . CEP 81200-170
Curitiba . PR . Brasil . Fone: (41) 2106-4170
www.intersaberes.com
editora@intersaberes.com

Conselho editorial
Dr. Alexandre Coutinho Pagliarini
Dr.ª Elena Godoy
Dr. Neri dos Santos
Dr. Ulf Gregor Baranow

Editora-chefe
Lindsay Azambuja

Gerente editorial
Ariadne Nunes Wenger

Assistente editorial
Daniela Viroli Pereira Pinto

Preparação de originais
Palavra Arteira Edição e
Revisão de Textos

Edição de texto
Tiago Krelling Marinaska
Mycaelle Albuquerque Sales

Capa
Débora Gipiela (*design*)
Prostock-studio e Zolnierek/
Shutterstock (imagens)

Projeto gráfico
Laís Galvão dos Santos
nBhutinat/Shutterstock (imagens)

Diagramação
Luana Machado Amaro

Responsável pelo *design*
Luana Machado Amaro

Iconografia
Regina Claudia Cruz Prestes
Sandra Lopis da Silveira

Dados Internacionais de Catalogação na Publicação (CIP)
(Câmara Brasileira do Livro, SP, Brasil)

Matoso, Rubiane Bakalarczyk
  Gestão do contencioso e rotinas trabalhistas no eSocial/
Rubiane Bakalarczyk Matoso, Viviane Corrêa. Curitiba:
InterSaberes, 2022.

  Bibliografia
  ISBN 978-65-5517-360-4

  1. Direito do trabalho – Brasil 2. eSocial – Sistema
de Escrituração Fiscal Digital das Obrigações Fiscais,
Previdenciárias e Trabalhistas 3. Previdência social –
Brasil 4. Relações de trabalho 5. Saúde ocupacional 6. Segurança
no trabalho 7. Trabalho e trabalhadores I. Corrêa, Viviane.
II. Título.

21-84749   CDU-34:331

Índices para catálogo sistemático:
1. eSocial: Direito do trabalho   34:331
Cibele Maria Dias – Bibliotecária – CRB-8/9427

EDITORA AFILIADA

1ª edição, 2022.
Foi feito o depósito legal.

Informamos que é de inteira responsabilidade das autoras a emissão de conceitos.

Nenhuma parte desta publicação poderá ser reproduzida por qualquer meio ou forma sem a prévia autorização da Editora InterSaberes.

A violação dos direitos autorais é crime estabelecido na Lei n. 9.610/1998 e punido pelo art. 184 do Código Penal.

SUMÁRIO

Apresentação, 12

PARTE 1 – Gestão do contencioso trabalhista, 18
Viviane Corrêa

Capítulo 1
Conflitos trabalhistas, 20

1.1 Métodos de soluções de conflitos trabalhistas, 22
1.2 Acesso à justiça, 27
1.3 Composição da justiça do trabalho, 28
1.4 Serviços auxiliares da justiça do trabalho, 31
1.5 Ministério Público do Trabalho (MPT), 34
1.6 Ministério do Trabalho e Previdência, 36

Capítulo 2
Processo judicial trabalhista, 40

2.1 Processo judicial eletrônico, 44
2.2 Sujeitos do processo do trabalho, 45
2.3 Processo de jurisdição voluntária e contenciosa, 71
2.4 Ritos no processo do trabalho, 74
2.5 Processo de conhecimento, 78
2.6 Processo de execução, 107

PARTE 2 – Rotinas trabalhistas no eSocial, 116
Rubiane Bakalarczyk Matoso

Capítulo 3
Desvendando o eSocial, 118

3.1 Conceito e objetivos do eSocial, 120
3.2 Obrigatoriedade, 122
3.3 Princípios aplicados ao eSocial, 124
3.4 Legislação, vigência e mudanças nas obrigações acessórias, 125
3.5 Cronograma de implantação, 126
3.6 Substituição das declarações e dos formulários, 129
3.7 Documentos técnicos e eventos do eSocial, 136
3.8 Conceito de evento trabalhista no eSocial, 140
3.9 Arquitetura do eSocial, 142
3.10 Acesso ao eSocial, 146
3.11 Identificadores, 149
3.12 Qualificação cadastral, 153
3.13 Carga inicial dos dados: eventos iniciais e de tabelas, 156
3.14 Eventos não periódicos, 159
3.15 Eventos periódicos, 167
3.16 Registro de Eventos Trabalhistas (RET), 169
3.17 Modernização do eSocial, 170

Capítulo 4
Rotinas trabalhistas no eSocial, 174

4.1 Atestado de Saúde Ocupacional (ASO), 181
4.2 Exclusão da admissão: evento S-3000, 182
4.3 Informações previstas na admissão no eSocial, 182
4.4 A nova CTPS digital e as informações no eSocial, 185
4.5 Registro eletrônico de empregados, 186
4.6 Caged: utilização do eSocial, 189
4.7 Transferência e reintegração de empregados, 191
4.8 Alterações cadastrais e contratuais, 192
4.9 Trabalhadores sem vínculo empregatício: evento S-2300, 194
4.10 Desligamento do trabalhador: evento S-2299, 195
4.11 Afastamentos temporários: evento S-2230, 205
4.12 Saúde e segurança do trabalho, 212
4.13 Comunicação de acidente de trabalho: evento S-2210, 214
4.14 Condições ambientais de trabalho: agentes nocivos, 216
4.15 Evento de folha de pagamento, 218
4.16 Remunerações, pagamentos, cálculos de descontos, 222
4.17 Obrigações geradas na folha de pagamento: recolhimento das contribuições, 227
4.18 Penalidades e mudanças, 228

Considerações finais, 230
Lista de siglas, 234
Referências, 238
Sobre as autoras, 252

Dedicamos este livro aos leitores que buscam aprimorar seus conhecimentos sobre administração de pessoas e acreditam que a gestão dos recursos humanos nas empresas é um caminho para a conquista de uma organização forte e humana.

Muitas foram as pessoas que estiveram comigo nessa trajetória e que me apoiaram em cada momento. Agradeço, em primeiro lugar, a Deus, por todo o conhecimento e o auxílio nesse tempo. Ao meu querido marido, aos meus pais, irmãos e amigos, que me apoiaram e estiveram presentes durante toda essa jornada; sem eles, essa caminhada não seria possível. Agradeço a todas as pessoas que de maneira direta se preocuparam e se envolveram para trazer à luz o melhor conhecimento acadêmico e pragmático no campo do direito.

Rubiane Bakalarczyk Matoso

Agradeço a Deus pelo dom da vida e pelas oportunidades que me são proporcionadas. À minha família, pelo companheirismo, pela paciência e pelo apoio constante e incondicional em minha trajetória.

Viviane Corrêa

APRESENTAÇÃO

O ser humano é um ser social por sua própria natureza. Suas necessidades básicas – tais como as de alimentação, proteção e procriação – são constituídas por relações que seguem certas regras. O mesmo vale para estruturas sociais mais complexas, tais como famílias, negócios e relações de trabalho: regras são fundamentais para garantir que essas interações gerem conexões entre pessoas de maneira que diferentes interesses sejam alcançados.

Não fosse assim, na vida em sociedade certamente predominaria a força imposta por uns a outros, prejudicando o desenvolvimento dos indivíduos e da coletividade.

Muito embora os conflitos inerentes às relações sociais possam surgir e ser solucionados entre as pessoas envolvidas, podemos afirmar que o homem sozinho se mostra cada vez mais incapaz de resolver a intrincada rede de relações que o recrudescimento da vida em sociedade criou. Nesse caso, quando os envolvidos sozinhos não são capazes de resolver os impasses, cabe a intervenção de estruturas estatais capazes de solucioná-los.

Nesse sentido, o estabelecimento de um conjunto de normas por intermédio do direito se faz necessário para garantir um convívio coletivo harmonioso. Assim, resta manifesta a importância do direito ao dispor dos preceitos que, em conjunto com outros mecanismos de controle social (moral, religião, regras de etiqueta, entre outros), coordenam a vida social.

Acerca das relações de trabalho, esse conjunto de regras encontra-se no direito do trabalho, que tem por objetivo, de acordo com Leite (2019, p. 60), "estabelecer um arcabouço normativo que propicie a paz e o equilíbrio entre as duas forças que propulsionam o progresso econômico e social da humanidade", constituindo relações que devem ser boas e justas para o empregado e o empregador. Contudo, os conflitos também estão presentes nessas relações e são levados à apreciação do Poder Judiciário.

O Tribunal Superior do Trabalho (TST) apresentou um *ranking* dos assuntos mais recorrentes em abril de 2021 (Brasil, 2021h). Nele, os maiores conflitos na área trabalhista estão relacionados a horas extras, intervalo intrajornada, indenização por danos morais, adicional de insalubridade e periculosidade, ônus da prova, reconhecimento de vínculo de emprego etc.

Para evitar esses conflitos, é salutar que os empregadores se conscientizem de que o descumprimento da legislação trabalhista pode prejudicar o clima organizacional, aumentando o absenteísmo e a queda de produtividade, por exemplo. Somado a isso, o prejuízo pode se estender ao setor financeiro, quando os empregadores poderão incorrer em pagamento de multas administrativas e/ou de condenações judiciais.

A adoção de uma gestão do contencioso trabalhista, por meio da compreensão dos atos que envolvem a rotina trabalhista e o processo judicial, juntamente com a implementação de medidas capazes de detectar, prevenir e remediar os erros cometidos, poderá refletir positivamente nos resultados econômicos e sociais da instituição, reduzindo sensivelmente os litígios na esfera trabalhista.

Muitas empresas ainda deixam de cumprir as determinações legais. Essa negligência tem vários motivos: entre eles estão a falta de conhecimento da existência da norma, sua interpretação incorreta, a falta de orientação preventiva e, principalmente, o desconhecimento do alcance desses descumprimentos.

Nos últimos anos, as alterações nas leis que se aplicam às relações de trabalho têm sido cada vez mais frequentes, a exemplo da denominada *Reforma Trabalhista*, consignada na Lei n. 13.467, de 13 de julho de 2017 (Brasil, 2017b), dos inúmeros dispositivos decorrentes da pandemia causada pelo coronavírus, das normas regulamentadoras e da Lei Geral de Proteção de Dados Pessoais–LGPD, Lei n. 13.709, de 14 de agosto de 2018 (Brasil, 2018b).

Somado a esse fenômeno, outras obrigações surgiram com o advento de novas tecnologias, a exemplo do eSocial, que trouxe consigo a obrigatoriedade de as empresas reconsiderarem seus procedimentos internos para atender ao objetivo do programa, que é o de proporcionar mais transparência e fidedignidade dos elementos transmitidos ao Estado.

O presente estudo tem como tema a administração do contencioso, bem como as rotinas trabalhistas no eSocial. Sua importância é percebida pela ausência de doutrinas sobre o assunto e pela confusão existente entre os atores envolvidos – empregadores, trabalhadores, operadores do direito e de recursos humanos e demais interessados no tema.

Desse modo, o objetivo desta obra é reforçar a necessidade de conhecimento da legislação trabalhista e da correta aplicação desses dispositivos por meio de demonstrações e análises dos principais riscos trabalhistas enfrentados pelas empresas em todas as fases da relação de trabalho até os atos de um processo judicial, indicando as bases legais sobre as temáticas, fornecendo subsídios aos gestores para a tomada de decisões e visando à redução de conflitos e, consequentemente, das demandas judiciais.

Além disso, com essa discussão se pretende, à luz da legislação, estabelecer os resultados práticos para aqueles a quem a rotina trabalhista é destinada.

Definiu-se como objetivos específicos: apresentação da origem dos conflitos trabalhistas com as possibilidades de resolução judicial ou extrajudicial, com ênfase no primeiro caso, e abordagem da rotina dos atos trabalhistas no eSocial.

Para tanto, tratando-se de assunto contemporâneo, em constante mudança e carente de sólidos estudos acadêmicos, foram utilizadas as seguintes fontes: pesquisas em revistas jurídicas, *sites* jurídicos, bem como revistas e *sites* comerciais e a legislação vigente.

Como estratégia metodológica, dividiu-se esta obra em duas partes para uma melhor compreensão didática do tema abordado.

A primeira parte versa sobre o contencioso trabalhista, abordando os conflitos existentes nas empresas, assim como a administração dos processos judiciais que apreciarão essas lides. A segunda parte trata das rotinas trabalhistas, abordando de maneira específica as informações indicadas no eSocial.

PARTE 1

GESTÃO DO CONTENCIOSO TRABALHISTA

Viviane Corrêa

CONFLITOS TRABALHISTAS

A sociedade, em todas as suas configurações, convive com uma série de conflitos, que consistem em "oposição de ideias, sentimentos ou interesses", segundo o dicionário Aulete Digital (Conflito, 2021).

Nas relações de trabalho, o conflito se materializa quando há entendimentos divergentes e/ou interesses opostos sobre um assunto na seara laboral de interesse comum entre duas ou mais pessoas.

No direito do trabalho, os conflitos solucionados pela justiça do trabalho podem ser individuais e coletivos, a depender da natureza do conflito em questão, conforme ensina Garcia (2017, p. 28):

> Os conflitos individuais de trabalho referem-se àqueles decorrentes das relações individuais de trabalho, envolvendo partes determinadas, tratando de interesses individualizados.
> Os conflitos coletivos de trabalho abrangem os decorrentes das relações coletivas, os de natureza sindical e os relativos a direitos metaindividuais. Os conflitos coletivos de trabalho, em sentido mais tradicional, são os decorrentes das relações coletivas, envolvendo um grupo de trabalhadores, normalmente representados pelo ente sindical, e um empregador ou grupo de empregadores representado pelo respectivo ente sindical. Tem-se, aqui, o chamado dissídio coletivo, cujo objetivo é a obtenção de decisão a respeito de novas condições de trabalho ou sobre a interpretação de certa norma jurídica aplicável à categoria.

1.1 Métodos de soluções de conflitos trabalhistas

Os conflitos trabalhistas têm sido um dos principais objetivos do direito do trabalho, sendo possível identificar três métodos para solucioná-los: 1) a autodefesa; 2) a autocomposição; 3) a heterocomposição.

Sobre a autodefesa, afirma Leite (2021, p. 249) que:

> A autodefesa (ou autotutela), que é o método mais primitivo de solução dos conflitos, pressupõe um ato de defesa pessoal em que, com ou sem formas processuais, uma das partes do litígio impõe a outra um sacrifício não consentido.
> Note-se que, aqui, não há a figura de um terceiro para solucionar o litígio, mas, sim, a imposição da decisão por uma das partes, geralmente a mais forte do ponto de vista físico, econômico, político ou social.
> É, pois, um método de solução direta, mediante imposição do interesse do mais forte sobre o mais fraco.

Nas relações de trabalho, Leite (2021) cita a greve[1] e o locaute[2] como exemplos que mais se aproximam da autodefesa. No entanto, "a greve por si só não soluciona o conflito trabalhista, mas constitui importante meio para se chegar à autocomposição ou à heterocomposição. A rigor, é com o fim da greve que se chega à solução autônoma ou heterônoma do conflito" (Leite, 2021, p. 249).

Já a autocomposição é defendida por Santos e Hajel Filho, (2020, p. 156) do seguinte modo:

> Em um momento mais evoluído, a humanidade procurou extinguir os conflitos por meio de negociação, deixando o uso da força de lado. Desse modo, encontramos a autocomposição, que é o mecanismo em que as próprias partes envolvidas tentam pôr fim ao conflito. A solução do conflito não é imposta por terceiro.

A autocomposição pode ser materializada quando da realização da transação, da conciliação ou da mediação, que são conceituadas da seguinte maneira, segundo Santos e Hajel Filho (2020, p. 157):

---

1 "A greve é um direito fundamental social exercido coletivamente pelos trabalhadores (CF, art. 9°) contra o direito individual de propriedade do empregador, ou seja, o movimento profissional decorre de um poder jurídico e social conferido à categoria profissional" (Leite, 2021, p. 249).

2 "O locaute, proibido no Brasil (Lei n. 7.783/89, art. 17), é uma paralisação das atividades econômicas por iniciativa do empregador, com o objetivo de frustrar negociação ou dificultar o atendimento de reivindicações dos respectivos empregados" (Leite, 2021, p. 249).

> A transação é uma negociação bilateral, na qual os envolvidos fazem concessões mútuas, ou seja, ambos abdicam de parte daquilo que acham que têm direito, podendo ser judicial ou extrajudicial.
> Por sua vez, a mediação se apresenta como um meio de solução dos conflitos por meio do qual o mediador, além de aproximar as partes, apresenta recomendações para a solução do conflito, podendo, inclusive, se utilizar de meios persuasivos para tanto. Todavia, a proposta feita pelo mediador não possui caráter vinculativo perante as partes. Não há restrições, de caráter profissional, no que respeita à pessoa do mediador, bastando que seja eleito de comum acordo entre as partes.
> A conciliação também é uma maneira de as partes solucionarem o conflito, podendo haver, ou não, a participação de um conciliador. Em havendo, o conciliador atuará de maneira a aproximar as partes. Pode ocorrer em campo judicial ou extrajudicial. Judicialmente, no âmbito da Justiça do trabalho, a conciliação é tentada pelo juiz do trabalho.

Na esfera trabalhista, conforme art. 764 da Consolidação das Leis do Trabalho (CLT), Decreto-Lei n. 5.452, de 1º de maio de 1943 (Brasil, 1943), serão submetidos à conciliação todos os dissídios que forem submetidos à apreciação da Justiça do Trabalho. Em regra, a conciliação consolidada no processo judicial acontece nas varas do trabalho, sob a direção do juiz do trabalho, nos processos judiciais postos a seu exame. Obrigatoriamente, ela precisa ser buscada no início e ao final da audiência. De todo modo, ela pode ser firmada em qualquer fase do processo.

Por outro lado, ressaltamos a possibilidade de a conciliação ser firmada de fora extrajudicial. Nesse caso, cabe ao Poder Judiciário apenas a homologação desse acordo, de modo a trazer os efeitos da coisa, diminuindo, assim, a insegurança jurídica dessas transações.

Sobre a heterocomposição, asseveram Pamplona Filho e Souza (2020, p. 42): "Na heterocomposição a solução do conflito é apresentada por uma fonte suprapartes, que decide o conflito de maneira impositiva. O terceiro aludido pode ser não apenas o particular, mas o próprio Poder Público e mesmo o Poder Judiciário".

Diferentemente da autocomposição, que ocorre quando a solução é obtida diretamente pelas próprias partes, na heterocomposição, a solução de um conflito trabalhistas é imposta por um terceiro e terá efeito cogente sobre as partes.

Leite (2021, p. 251) enriquece o assunto, afirmando que "a arbitragem e a jurisdição são as principais formas de heterocomposição dos conflitos trabalhistas."

No Brasil, a arbitragem foi instituída pela Lei n. 9.307, de 23 de setembro de 1996 (Brasil, 1996). No entanto, a Constituição Federal (CF) – Brasil, 1988a – (art. 114, §§ 1º e 2º) previa que apenas se a negociação coletiva restasse frustrada é que as partes poderiam eleger árbitros. Nos dissídios trabalhistas individuais, a arbitragem somente passou a ser admitida com a Lei n. 13.467, de 13 de julho de 2017 (Brasil, 2017b), que incluiu o art. 507-A na CLT.

Outras leis cuidam da temática, como, por exemplo: "a Lei da Greve (Lei n. 7.783/88, art. 3º), a Lei sobre exploração direta e indireta pela União de portos e instalações portuárias (Lei n. 12.815/2013, art. 37, §§ 1º a 3º) e a Lei sobre participação nos lucros e resultados (Lei n. 10.101/2000, art. 4, II)" (Leite, 2021, p. 251).

Para Santos e Hajel Filho (2020, p. 163):

> A arbitragem é mais uma das formas de heterocomposição, destinada ao deslinde dos conflitos. Pode-se afirmar, de maneira singela, que a arbitragem é uma forma de solução de demanda, na qual uma pessoa, diferente dos conflitantes, sendo imparcial soluciona o caso a partir de uma decisão. Sua utilização se assemelha ao processo que tramita no Judiciário, tendo as partes em conflito e um terceiro imparcial a solucionar aquela contenda.

A arbitragem consiste em uma forma de pôr fim ao conflito. O julgamento desse litígio será realizado por um terceiro, denominado *árbitro*, imparcial e escolhido pelas partes. Diferentemente do processo judicial, a arbitragem adota trâmites menos formais e mais simplificados. A diferença substancial entre a arbitragem e o processo que tramita no Poder Judiciário, segundo Santos e Hajel Filho (2020, p. 163 e 164), é:

> que o árbitro poderá decidir o conflito com base no direito (arbitragem de direito) ou poderá decidir com base em regras de equidade, isto é, com base em outra ciência do conhecimento ou com base em regras de experiência (arbitragem de equidade). A arbitragem possibilita essa solução não jurídica e isso a diferencia do Judiciário tradicional.

Preceitua o art. 1º da Lei n. 9.307/1996 que a arbitragem pode ser adotada apenas para dirimir litígios relativos a direitos patrimoniais disponíveis, o que, para Leite (2021, p. 251), "em linha de princípio, inviabiliza a sua aplicação como método de solução dos conflitos individuais trabalhistas. Uma exceção seria a indicação, por consenso entre trabalhadores e empregador, de um árbitro para fixar o valor de um prêmio instituído pelo empregador".

Somado a isso, a arbitragem não se aplica às relações de trabalho de forma indiscriminada, devendo observar algumas peculiaridades, indicadas a seguir, conforme a CLT:

> Art. 507-A. Nos contratos individuais de trabalho cuja remuneração seja superior a duas vezes o limite máximo estabelecido para os benefícios do Regime Geral de Previdência Social, poderá ser pactuada cláusula compromissória de arbitragem, desde que por iniciativa do empregado ou mediante a sua concordância expressa, nos termos previstos na Lei no 9.307, de 23 de setembro de 1996.

Embora prevista expressamente no texto constitucional e na lei, atualmente, a arbitragem é raramente utilizada para a solução de conflitos trabalhistas, tanto individuais quanto coletivos.

De outro lado, a solução do conflito por meio da jurisdição consiste naquela exercida pelo Poder Judiciário. Nesse caso, os juízes e tribunais regulamente investidos são responsáveis por dirimir os conflitos trabalhistas de maneira cogente e definitiva, aplicando o direito ao caso concreto. Esse tema será aprofundado no tópico subsequente.

1.2 Acesso à justiça

O processo judicial decorre do direito de acesso à justiça, que consiste no meio através do qual os cidadãos se socorrem para buscar seus direitos. Sempre que houver lesão ou ameaça a um direito, o cidadão prejudicado poderá levar o problema à apreciação do Poder Judiciário, conforme dispõe o art. 5º, inciso XXXV, da CF. Informam Cappelletti e Garth (2002, p. 8):

> A expressão "acesso à justiça" é reconhecidamente de difícil definição, mas serve para determinar duas finalidades básicas do sistema jurídico – o sistema pelo qual as pessoas podem reivindicar e/ou resolver seus litígios sob os auspícios do Estado. Primeiro, o sistema deve ser igualmente acessível a todos; segundo, ele deve produzir resultados que sejam individual e socialmente justos. Nosso enfoque, aqui, será primordialmente sobre o primeiro aspecto, mas não poderemos perder de vista o segundo. Sem dúvida, uma premissa básica será a de que a justiça social, tal como desejada por nossas sociedades modernas, pressupõe o acesso efetivo.

O acesso à justiça trata-se de uma das garantias mais relevantes do cidadão, servindo para a efetivação dos seus direitos. De outra parte, além da ampla acessibilidade ao Poder Judiciário, faz-se necessário que o processo seja organizado e efetivo, de modo a resultar na prestação jurisdicional.

Na esfera trabalhista, o ingresso no Poder Judiciário se dá por meio da justiça do trabalho, que "concilia e julga as ações judiciais entre trabalhadores e empregadores e outras controvérsias decorrentes da relação de trabalho, bem como as demandas que tenham origem no cumprimento de suas próprias sentenças, inclusive as coletivas" (Brasil, 2021i).

1.3 Composição da justiça do trabalho

A Justiça do trabalho é composta por três órgãos:
1. os juízes do trabalho;
2. os Tribunais Regionais do Trabalho (TRTs);
3. o Tribunal Superior do Trabalho (TST).

A jurisdição trabalhista no primeiro grau é exercida por um juiz singular, denominado *juiz do trabalho*, que exerce suas funções nas varas do trabalho.

> A Vara do Trabalho é a primeira instância das ações de competência da Justiça do trabalho, sendo competente para julgar, dentre outros, conflitos individuais surgidos nas relações de trabalho. A decisão por meio da qual o Juiz do Trabalho resolve a controvérsia denomina-se "sentença" e contra ela as partes podem interpor recurso. (Goiás, 2019)

Dispõe o art. 112 da CF de 1988 que "a Lei criará varas da Justiça do Trabalho, podendo, nas comarcas não abrangidas por sua jurisdição, atribuí-la aos juízes de direito, com recurso para o respectivo Tribunal Regional do Trabalho". Por sua vez, a Súmula 10 (Brasil, 2020e) do Superior Tribunal de Justiça (STJ) dispõe que, instalada a vara do trabalho, "cessa a competência do juiz de direito em matéria trabalhista, inclusive para a execução das sentenças por ele proferidas".

A constituição, formas de investidura, jurisdição, competência, garantias e condições de exercício dos órgãos da justiça do trabalho serão regulamentadas por lei, segundo o art. 113 da CF.

De todo modo, Schiavi (2017, p. 195) esclarece:

> O Juiz do Trabalho ingressará na carreira como Juiz do Trabalho Substituto, após aprovação em concurso público de provas e títulos, sendo designado pelo Presidente do TRT para auxiliar ou substituir

nas Varas do Trabalho. Após dois anos de exercício, o Juiz do Trabalho substituto torna-se vitalício. Alternadamente, por antiguidade ou merecimento, o Juiz será promovido a juiz Titular da Vara do Trabalho e, posteriormente, pelo mesmo critério, a juiz do Tribunal Regional do Trabalho. Além disso, poderá chegar ao posto de Ministro do Tribunal Superior do Trabalho desde que preencha os requisitos constitucionais.

O TRT é o segundo grau de jurisdição da justiça do trabalho, ou seja,

> constitui a segunda instância da justiça do trabalho [...], à qual compete julgar os recursos interpostos contra as sentenças prolatadas pelos juízes de primeiro grau. O Tribunal também julga processos iniciados diretamente na segunda instância, como ocorre com os dissídios coletivos, os mandados de segurança, as ações rescisórias, as ações cautelares, dentre outros. (Goiás, 2019)

Atualmente existem 24 tribunais regionais, distribuídos em todo o território nacional. Sobre a sua composição, estabelece o art. 115 da CF que os TRTs são compostos de, "no mínimo, sete juízes, recrutados, quando possível, na respectiva região, e nomeados pelo Presidente da República dentre brasileiros com mais de trinta e menos de sessenta e cinco anos".

Essas vagas são ocupadas mediante promoção de juízes do trabalho por antiguidade e merecimento, alternadamente. Entretanto, um quinto das vagas são reservadas aos advogados com mais de dez anos de efetiva atividade profissional e membros do Ministério Público do Trabalho com mais de dez anos de efetivo exercício.

Compete privativamente aos TRTs elaborar seu próprio regimento interno (art. 96, I, "a", da CF).

O TST é o terceiro grau de jurisdição da justiça do trabalho, ou seja, é o órgão de cúpula dessa esfera e tem jurisdição em todo o território nacional. Sua principal função versa sobre a uniformização da jurisprudência trabalhista brasileira. Surgiu em 1946, junto com a integração da justiça do trabalho ao Poder Judiciário, e atualmente possui sede em Brasília (Saraiva; Linhares, 2018).

O TST é composto de 27 ministros, escolhidos entre brasileiros com notável saber jurídico, reputação ilibada e idade superior a 35 e inferior a 65 anos. Essas vagas são ocupadas por juízes dos TRTs, oriundos da magistratura da carreira e indicados pelo próprio TST, contudo um quinto delas é destinado aos advogados com mais de dez anos de efetiva atividade profissional e membros do Ministério Público do Trabalho com mais de dez anos de efetivo exercício. Os candidatos ao cargo de ministros do TST serão sabatinados e, se aprovados pela maioria absoluta do Senado Federal, nomeados pelo Presidente da República.

São órgãos do TST (conforme Regimento Interno do TST – Brasil, 2017d):

1. Tribunal Pleno;
2. Órgão Especial;
3. Seção Especializada em Dissídios Coletivos;
4. Seção Especializada em Dissídios Individuais, dividida em duas subseções;
5. Turmas.

São órgãos que funcionam junto ao TST (conforme Regimento Interno do TST – Brasil, 2017b):

1. Escola Nacional de Formação e Aperfeiçoamento de Magistrados do Trabalho (Enamat);
2. Conselho Superior da Justiça do Trabalho (CSJT);
3. Centro de Formação e Aperfeiçoamento de Assessores e Servidores do Tribunal Superior do Trabalho (Cefast);
4. Ouvidoria.

Atualmente, a competência do TST está regulamentada na Lei n. 7.701, de 21 de dezembro de 1988 (Brasil, 1988b).

1.4 Serviços auxiliares da justiça do trabalho

Para que os serviços sejam realizados de maneira organizada, a justiça do trabalho conta com serviços auxiliares das secretarias das varas do trabalho, dos distribuidores, do cartório dos juízos de direito, das secretarias dos TRTs e dos oficiais de diligência.

Cada vara do trabalho conterá uma secretaria, que será dirigida por um servidor designado pelo presidente da jurisdição, o qual desenvolverá a função de diretor da secretaria. Para isso, ele receberá uma gratificação de função, fixada em lei, além dos vencimentos ordinários.

Somado a isso, conforme Schiavi (2017), as secretarias ainda contam com o auxílio de um assistente de diretor, que substitui o diretor em suas ausências; um assistente de juiz, que auxilia o juiz diretamente; um secretário de audiências, também chamado de *datilógrafo/escrevente de audiências*, a quem compete secretariar as audiências e digitar as atas; um assistente de cálculos, ao qual compete auxiliar o juiz na elaboração e conferência dos cálculos de liquidação; e demais funcionários da justiça do trabalho (analistas e técnicos judiciários), que ingressam mediante aprovação em concurso público de provas.

O art. 711 da CLT indica as competências da secretaria das varas do trabalho, que seguem elencadas a seguir:

> Art. 711 [...]
> a) o recebimento, a autuação, o andamento, a guarda e a conservação dos processos e outros papéis que lhe forem encaminhados;
> b) a manutenção do protocolo de entrada e saída dos processos e demais papéis;
> c) o registro das decisões;
> d) a informação, às partes interessadas e seus procuradores, do andamento dos respectivos processos, cuja consulta lhes facilitará;

e) a abertura de vista dos processos às partes, na própria secretaria;
f) a contagem das custas devidas pelas partes, nos respectivos processos;
g) o fornecimento de certidões sobre o que constar dos livros ou do arquivamento da secretaria;
h) a realização das penhoras e demais diligências processuais;
i) o desempenho dos demais trabalhos que lhe forem cometidos pelo Presidente da Junta [Vara], para melhor execução dos serviços que lhe estão afetos.

Complementa o art. 712 da CLT, apontando as competências dos secretários das varas do trabalho, que seguem listadas a seguir:

Art. 712 [...]
a) superintender os trabalhos da secretaria, velando pela boa ordem do serviço;
b) cumprir e fazer cumprir as ordens emanadas do Presidente e das autoridades superiores;
c) submeter a despacho e assinatura do Presidente o expediente e os papéis que devam ser por ele despachados e assinados;
d) abrir a correspondência oficial dirigida à Junta [Vara] e ao seu Presidente, a cuja deliberação será submetida;
e) tomar por termo as reclamações verbais nos casos de dissídios individuais;
f) promover o rápido andamento dos processos, especialmente na fase de execução, e a pronta realização dos atos e diligências deprecadas pelas autoridades superiores;
g) secretariar as audiências da Junta, lavrando as respectivas atas;
h) subscrever as certidões e os termos processuais;
i) dar aos litigantes ciência das reclamações e demais atos processuais de que devam ter conhecimento, assinando as respectivas notificações;
j) executar os demais trabalhos que lhe forem atribuídos pelo Presidente da Junta.

A não realização dos atos dentro dos prazos estipulados e sem justo motivo acarreta desconto nos vencimentos do serventuário responsável, correspondente à quantidade de dias do excesso.

Haverá um distribuidor nas localidades em que existir mais de uma vara do trabalho e nos tribunais, quando houver mais de uma turma.

A competência do distribuidor está mencionada no art. 714 da CLT:

> Art. 714 [...]
> a) a distribuição, pela ordem rigorosa de entrada, e sucessivamente a cada Vara, dos feitos que, para esse fim, lhe forem apresentados pelos interessados;
> b) o fornecimento, aos interessados, do recibo correspondente a cada feito distribuído;
> c) a manutenção de 2 (dois) fichários dos feitos distribuídos, sendo um organizado pelos nomes dos reclamantes e o outro dos reclamados, ambos por ordem alfabética;
> d) o fornecimento a qualquer pessoa que o solicite, verbalmente ou por certidão, de informações sobre os feitos distribuídos;
> e) a baixa na distribuição dos feitos, quando isto lhe for determinado pelos Presidentes das Juntas [Vara], formando, com as fichas correspondentes, fichários à parte, cujos dados poderão ser consultados pelos interessados, mas não serão mencionados em certidões.

Destacamos que os cartórios distribuidores estão em extinção, uma vez que, com o Processo Judicial eletrônico (pJe), a distribuição é automática e as atribuições ou se perderam ou foram incorporadas às secretarias das varas do trabalho.

Como já vimos, as comarcas não abrangidas pela jurisdição da justiça do trabalho poderão ser atribuídas aos juízes de direito, ou seja, estarão eles investidos na administração da justiça do trabalho. Os cartórios terão as mesmas atribuições e obrigações conferidas às varas do trabalho. Haverá, também, distribuição das reclamações, de maneira alternada e sucessiva, nos casos em que houver mais de um cartório no respectivo Juízo. No entanto, eventuais recursos deverão ser endereçados ao respectivo TRT e não ao Tribunal de Justiça (TJ).

O art. 717 da CLT traz a competência dos escrivães dos Juízos de Direito, investidos na administração da justiça do trabalho, e estabelece que, a eles, "competem especialmente as atribuições e obrigações dos secretários das Juntas; e aos demais funcionários dos cartórios, as que couberem nas respectivas funções, dentre as que competem às Secretarias das Juntas, enumeradas no art. 711" da CLT.

Cada TRT possui uma secretaria, cuja direção será exercida por um funcionário designado para exercer a função de secretário, o qual receberá uma gratificação de função fixada em lei.

As mesmas atribuições estabelecidas para a secretaria das varas do trabalho serão de competência da secretaria dos conselhos. Porém, somam-se, para esta última, as seguintes funções: "a conclusão dos processos ao Presidente e sua remessa, depois de despachados, aos respectivos relatores; a organização e a manutenção de um fichário de jurisprudência do Conselho, para consulta dos interessados; outras atribuições previstas no regimento interno do Tribunal" (Leite, 2019, p. 301).

Outras atribuições, o funcionamento e a ordem dos trabalhos das secretarias serão regulamentados no regimento interno dos TRTs.

São de competência dos secretários dos TRTs as mesmas atribuições conferidas aos secretários das varas, somadas as que forem fixadas no regimento interno dos conselhos.

São oficiais de diligência os Oficiais de Justiça e os Oficiais de Justiça Avaliadores, cuja incumbência é a realização dos atos decorrentes da execução dos julgados das varas do trabalho e dos TRTs realizados pelos respectivos presidentes, ou seja, compete aos oficiais de diligência o cumprimento dos mandados e das diligências solicitadas pelo juiz.

1.5 Ministério Público do Trabalho (MPT)

O MPT não pertence ao Poder Judiciário. Trata-se de um ramo do Ministério Público da União (MPU) que atua na preservação dos direitos fundamentais e sociais, especialmente perante ilegalidades praticadas na esfera trabalhista.

A Lei Complementar n. 75, de 20 de maio de 1993 (Brasil, 1993a), em seu art. 83, apresenta as competências do MPT:

Art. 83. Compete ao Ministério Público do Trabalho o exercício das seguintes atribuições junto aos órgãos da justiça do trabalho:
I – promover as ações que lhe sejam atribuídas pela Constituição Federal e pelas leis trabalhistas;
II – manifestar-se em qualquer fase do processo trabalhista, acolhendo solicitação do juiz ou por sua iniciativa, quando entender existente interesse público que justifique a intervenção;
III – promover a ação civil pública no âmbito da justiça do trabalho, para defesa de interesses coletivos, quando desrespeitados os direitos sociais constitucionalmente garantidos;
IV – propor as ações cabíveis para declaração de nulidade de cláusula de contrato, acordo coletivo ou convenção coletiva que viole as liberdades individuais ou coletivas ou os direitos individuais indisponíveis dos trabalhadores;
V – propor as ações necessárias à defesa dos direitos e interesses dos menores, incapazes e índios, decorrentes das relações de trabalho;
VI – recorrer das decisões da justiça do trabalho, quando entender necessário, tanto nos processos em que for parte, como naqueles em que oficiar como fiscal da lei, bem como pedir revisão dos Enunciados da Súmula de Jurisprudência do Tribunal Superior do Trabalho;
VII – funcionar nas sessões dos Tribunais Trabalhistas, manifestando-se verbalmente sobre a matéria em debate, sempre que entender necessário, sendo-lhe assegurado o direito de vista dos processos em julgamento, podendo solicitar as requisições e diligências que julgar convenientes;
VIII – instaurar instância em caso de greve, quando a defesa da ordem jurídica ou o interesse público assim o exigir;
IX – promover ou participar da instrução e conciliação em dissídios decorrentes da paralisação de serviços de qualquer natureza, oficiando obrigatoriamente nos processos, manifestando sua concordância ou discordância, em eventuais acordos firmados antes da homologação, resguardado o direito de recorrer em caso de violação à lei e à Constituição Federal;
X – promover mandado de injunção, quando a competência for da justiça do trabalho;
XI – atuar como árbitro, se assim for solicitado pelas partes, nos dissídios de competência da justiça do trabalho;
XII – requerer as diligências que julgar convenientes para o correto andamento dos processos e para a melhor solução das lides trabalhistas;
XIII – intervir obrigatoriamente em todos os feitos nos segundo e terceiro graus de jurisdição da justiça do trabalho, quando a parte for pessoa jurídica de Direito Público, Estado estrangeiro ou organismo internacional.

Somado a isso, traz o art. 84 a incumbência ao MPT no âmbito das suas atribuições, exercer as funções institucionais, especialmente:

> Art. 84. [...]
> I – integrar os órgãos colegiados previstos no § 1º do art. 6º, que lhes sejam pertinentes;
> II – instaurar inquérito civil e outros procedimentos administrativos, sempre que cabíveis, para assegurar a observância dos direitos sociais dos trabalhadores;
> III – requisitar à autoridade administrativa federal competente, dos órgãos de proteção ao trabalho, a instauração de procedimentos administrativos, podendo acompanhá-los e produzir provas;
> IV – ser cientificado pessoalmente das decisões proferidas pela justiça do trabalho, nas causas em que o órgão tenha intervindo ou emitido parecer escrito;
> V – exercer outras atribuições que lhe forem conferidas por lei, desde que compatíveis com sua finalidade.

1.6 Ministério do Trabalho e Previdência

No decorrer do atual Governo Federal (mandato 2018-2022) a Secretaria Especial de Previdência e Trabalho (SEPRT) era responsável pelas relações de trabalho e previdência, ante a ausência de uma estrutura ministerial. Entretanto, por meio da Medida provisória n. 1.058, de 27 de julho de 2021 (Brasil, 2021b), foi criado o Ministério do Trabalho e Previdência (MTP), conforme indica o art. 19, XIV-A, da Lei n. 13.844, de 18 de junho de 2019 (Brasil, 2019h).

Estabelece o art. 48-A da Lei n. 13.844/2019 que são áreas de competência do MTP:

> Art. 48-A. [...]
> I – previdência; (Incluído pela Medida Provisória nº 1.058, de 2021)
> II – previdência complementar; (Incluído pela Medida Provisória nº 1.058, de 2021)

III – política e diretrizes para a geração de emprego e renda e de apoio ao trabalhador; (Incluído pela Medida Provisória nº 1.058, de 2021)
IV – política e diretrizes para a modernização das relações de trabalho; (Incluído pela Medida Provisória nº 1.058, de 2021)
V – fiscalização do trabalho, inclusive do trabalho portuário, e aplicação das sanções previstas em normas legais ou coletivas; (Incluído pela Medida Provisória nº 1.058, de 2021)
VI – política salarial; (Incluído pela Medida Provisória nº 1.058, de 2021)
VII – intermediação de mão de obra, formação e desenvolvimento profissional; (Incluído pela Medida Provisória nº 1.058, de 2021)
VIII – segurança e saúde no trabalho; (Incluído pela Medida Provisória nº 1.058, de 2021)
IX – regulação profissional; e (Incluído pela Medida Provisória nº 1.058, de 2021)
X – registro sindical. (Incluído pela Medida Provisória nº 1.058, de 2021)

O art. 48-B, por sua vez, elenca as instituições que compõem a estrutura da pasta:

Art. 48-B. Integram a estrutura básica do Ministério do Trabalho e Previdência: (Incluído pela Medida Provisória nº 1.058, de 2021)
I – o Conselho de Recursos da Previdência Social; (Incluído pela Medida Provisória nº 1.058, de 2021)
II – o Conselho Nacional de Previdência Social; (Incluído pela Medida Provisória nº 1.058, de 2021)
III – o Conselho Nacional de Previdência Complementar; (Incluído pela Medida Provisória nº 1.058, de 2021)
IV – a Câmara de Recursos da Previdência Complementar; (Incluído pela Medida Provisória nº 1.058, de 2021)
V – o Conselho Nacional do Trabalho; (Incluído pela Medida Provisória nº 1.058, de 2021)
VI – o Conselho Curador do Fundo de Garantia do Tempo de Serviço; (Incluído pela Medida Provisória nº 1.058, de 2021)
VII – o Conselho Deliberativo do Fundo de Amparo ao Trabalhador; e (Incluído pela Medida Provisória nº 1.058, de 2021)
VIII – até 4 (quatro) Secretarias. (Incluído pela Medida Provisória nº 1.058, de 2021)
Parágrafo único. Os Conselhos a que se referem os incisos V a VII do caput são órgãos colegiados de composição tripartite, com paridade entre representantes dos trabalhadores e dos empregadores, na forma estabelecida em ato do Poder Executivo federal. (Incluído pela Medida Provisória nº 1.058, de 2021).

Apesar de não pertencerem ao Poder Judiciário, mas sim ao Poder Executivo, o MPT e o MTP têm um papel importante na melhoria das relações do trabalho com o cumprimento das legislações, facilitando a vida de empregadores e trabalhadores.

PROCESSO JUDICIAL TRABALHISTA

2

O processo consiste em uma série ordenada de atos destinados à obtenção de uma decisão judicial. De acordo com De Plácido e Silva (2009, p. 1097), o processo é conceituado do seguinte modo: "formado de proceder, do latim *procedere* (ir por diante, andar para a frente, prosseguir), quer o vocabulário exprimir, geralmente, o método para que se faça ou se execute alguma coisa, isto é, o modo de agir, a maneira de atuar, a ação de proceder".

Nessa mesma linha, Schiavi (2017, p. 117) dispõe sobre o processo trabalhista: "conceitua-se como o conjunto de princípios, normas e instituições que regem a atividade da justiça do trabalho, com o objetivo de dar efetividade à legislação trabalhista e social, assegurar o acesso do trabalhador à justiça e dirimir, com justiça, o conflito trabalhista".

O processo do trabalho "tem por objetivo solucionar, com justiça, o conflito trabalhista, tanto o individual (empregado e empregador, ou prestador de serviços e tomador), como o conflito coletivo (do grupo, da categoria, e das classes profissionais e econômica)" (Schiavi, 2017, p. 118).

Em outras palavras, a competência da justiça do trabalho compreende, essencialmente, o processamento e o julgamento dos conflitos que tiveram origem nas relações de trabalho, chamados de *jurisdição contenciosa*.

Contudo, existe também a jurisdição voluntária, prevista na lei trabalhista, que consiste na competência da justiça do trabalho para decidir quanto à homologação de acordo extrajudicial em matéria de competência da justiça do trabalho. Isso ocorre quando as partes definem, em comum consenso, pelo fim do contrato, mas, para que tenha validade, é necessária uma decisão judicial validando o acordo.

Como vimos, o conjunto de atos processuais forma um processo e pode ser praticado como meio de postular algum pedido e pode ser cometido para o desenvolvimento e/ou impulsionamento do processo; ao mesmo tempo, pode ser usado para incluir e/ou produzir provas nos autos e, por fim, para dar provimento, como é o caso de sentenças, decisões interlocutórias, despachos etc.

Esses atos podem ser praticados pelos juízes, pelas partes e/ou pelos órgãos auxiliares. A sentença[1] é um exemplo de ato praticado pelo juiz. Um dos exemplos de atos praticados pelas partes é a petição inicial[2]. Já a penhora[3] é um exemplo de ato praticado pelos órgãos auxiliares.

Todos os atos do processo devem ser comunicados às partes, por meio da citação e/ou intimação, estabelecidas no Código de Processo Civil (CPC), Lei n. 13.105, de 16 de março de 2015 (Brasil, 2015a). Sobre a citação, dispõe o art. 238 do CPC: "Citação é o ato pelo qual são convocados o réu, o executado ou o interessado para integrar a relação processual". Já a intimação está conceituada no art. 269 do CPC, como "ato pelo qual se dá ciência a alguém dos atos e dos termos do processo".

Sobre a comunicação às partes na justiça do trabalho, esclarecem Saraiva e Linhares (2018, p. 108):

> O legislador pátrio, entretanto, objetivando justificar a autonomia do Processo do Trabalho, utilizou na Consolidação das Leis do Trabalho, de forma indiscriminada, o termo notificação, como o meio adequado para comunicação de todo e qualquer ato processual realizado no âmbito da Justiça laboral (seja citação ou intimação).

De tal modo, na justiça laboral, os termos *citação* e *intimação* são substituídos pelo título *notificação*.

Em regra, todos os atos processuais são públicos, ou seja, todos os cidadãos têm acesso a eles, de modo que seja garantida a fiscalização das atividades judiciais, salvo quando o contrário determinar o interesse social (art. 770 da CLT). Excepcionalmente, os atos serão sigilosos, ou seja, correrão em segredo de justiça,

---

1 "Sentença é o pronunciamento por meio do qual o juiz, com fundamento nos arts. 485 e 487, põe fim à fase cognitiva do procedimento comum, bem como extingue a execução", consoante o art. 203, parágrafo 1º, do Código de Processo Civil (CPC).

2 *Petição inicial* é o pedido inicial da parte, ou seja, a peça processual que instaura o processo judicial.

3 A penhora consiste em um modo de garantir que o devedor pague determinada dívida, por meio da constrição de bens, ou seja, o devedor fica impedido de dispor livremente do bem penhorado.

principalmente quando houver discussão de matéria que possa expor a intimidade do interessado, como discussão sexual, financeira, de caráter moral, de saúde etc. Nesse caso, o juiz pode limitar a presença em determinados atos às partes e aos seus advogados ou somente a estes últimos.

Na maior parte dos casos, os atos processuais poderão ser realizados somente das 6 h às 20 h, em dias úteis. Excepcionalmente, a penhora pode ser realizada aos domingos ou feriados, desde que haja autorização expressa do juiz ou presidente (art. 770, parágrafo único da CLT).

2.1 Processo judicial eletrônico

É importante destacar que, atualmente, é admitido o uso de meio eletrônico na tramitação de processos judiciais, comunicação de atos e transmissão de peças processuais.

"A prática eletrônica de atos processuais será realizada por intermédio do sistema PJe instalado na Justiça do Trabalho nos termos da Lei n. 11.419, de 19 de dezembro de 2006 (Brasil, 2006b), arts. 193 a 199 do CPC e da Resolução 185/2017 do Conselho Superior da Justiça do Trabalho – CSJT" (Saraiva; Linhares, 2018, p. 113).

De acordo com o art. 1º, parágrafo 2º, da Lei n. 11.419/2006, considera-se:

> Art. 1º [...]
> § 2º [...]
> I – meio eletrônico qualquer forma de armazenamento ou tráfego de documentos e arquivos digitais;
> II – transmissão eletrônica toda forma de comunicação a distância com a utilização de redes de comunicação, preferencialmente a rede mundial de computadores;
> III – assinatura eletrônica as seguintes formas de identificação inequívoca do signatário:

a) assinatura digital baseada em certificado digital emitido por Autoridade Certificadora credenciada, na forma de lei específica;
b) mediante cadastro de usuário no Poder Judiciário, conforme disciplinado pelos órgãos respectivos.

O envio de petições e recursos e a prática de atos processuais em geral por meio eletrônico serão admitidos mediante uso de assinatura eletrônica, sendo obrigatório o credenciamento prévio no Poder Judiciário, conforme disciplinado pelos órgãos respectivos (art. 2º da Lei n. 11.419/2006).

Esse credenciamento será "realizado mediante procedimento no qual esteja assegurada a adequada identificação presencial do interessado" (art. 2º, § 1º da Lei n. 11.419/2006). Será atribuído ao credenciado "registro e meio de acesso ao sistema, de modo a preservar o sigilo, a identificação e a autenticidade de suas comunicações" (art. 2º, § 2º da Lei n. 11.419/2006).

Os atos processuais por meio eletrônico serão considerados realizados "no dia e hora do seu envio ao sistema do Poder Judiciário, do que deverá ser fornecido protocolo eletrônico" (art. 3º da Lei n. 11.419/2006). Destaca-se que, a petição eletrônica enviada para atender prazo processual, será considerada tempestiva a transmitida até as 24 h do seu último dia (art. 3º, parágrafo único, da Lei n. 11.419/2006).

2.2 Sujeitos do processo do trabalho

Para que o processo seja estabelecido, faz-se necessária a participação de três principais sujeitos: 1) Estado; 2) autor; 3) réu.

Saraiva e Linhares (2018, p. 146) conceituam como parte "aquele que demanda em nome próprio a prestação jurisdicional do Estado, ou mesmo a pessoa em cujo nome é demandada. Em outras

palavras, partes são o autor, que demanda a tutela jurisdicional, e o réu, contra quem a atuação é postulada".
Theodoro Júnior (2006, p. 84) complementa:

> Sem a presença do órgão judicial, é impossível o estabelecimento da relação jurídica processual. Mas, também, sem a provocação da parte, o juiz não pode instaurar o processo. Por outro lado, se a parte não cuida de fornecer ou indicar os meios de prova necessários à tutela da sua pretensão ou não exercitar as faculdades de defesa ou resposta, a solução a que será conduzido o juiz poderá não ser aquela a que corresponderia a verdadeira situação jurídica material.

No entanto, existem outras figuras que podem participar do processo, conforme apontam Saraiva e Linhares (2018, p. 146):

> Todavia, entendemos que o conceito clássico de partes revela-se insuficiente, uma vez que o processo não envolve tão somente o autor, réu e juiz, englobando, por vezes, outras pessoas (terceiros) que podem ingressar no processo em momento posterior à sua formação, seja para apoiar uma das partes principais, seja para defender interesse próprio.

Na justiça do trabalho, autor e réu são denominados de *reclamante* e *reclamado*, respectivamente.

Para fazer parte do processo judicial, é necessário que as partes tenham capacidade: "capacidade de ser parte, a capacidade processual e a capacidade postulatória" (Saraiva; Linhares, 2018, p. 147).

Sobre a capacidade de ser parte, Saraiva e Linhares (2018, p. 147) esclarecem que:

> A capacidade de ser parte (ou capacidade de direito) diz respeito à possibilidade de a pessoa (física ou jurídica) se apresentar em juízo como autor ou réu, ocupando um dos polos do processo.
> Nessa esteira, a capacidade para ser parte exige a "personalidade civil", que em relação à pessoa natural ou física inicia-se com o seu nascimento com vida (art. 2º, do CC), embora a lei ponha a salvo, desde a concepção, os direitos do nascituro.

Quanto à pessoa jurídica, a sua "personalidade civil" inicia-se com a inscrição dos atos constitutivos no respectivo registro (art. 45 do CC) – Junta Comercial, órgão de classe (exemplificadamente, a OAB, no caso de sociedade de advogados) etc.
Confere-se ainda a capacidade para ser parte aos denominados "entes despersonalizados", como a massa falida, o condomínio, o espólio, as sociedades e os órgãos desprovidos de personalidade jurídica etc.

Já a capacidade processual é a aptidão de estar em juízo, estando prevista no art. 70 do CPC, Lei n. 13.105/2015, que situa que "toda pessoa que se encontre no exercício de seus direitos tem capacidade para estar em juízo".
Saraiva e Linhares (2018, p. 147) complementam:

> Adquirida a capacidade de ser parte, impõe-se verificar se os sujeitos do processo podem praticar os atos processuais pessoalmente, sem o auxílio ou acompanhamento de outras pessoas, ou seja, se possuem capacidade processual plena para se manterem na relação processual sem amparo de qualquer espécie.

Por outro lado, conquanto tenham capacidade de ser parte, conforme art. 3º e art. 4º do Código Civil (CC), Lei n. 10.406, de 10 de janeiro de 2002 (Brasil, 2002b), não têm capacidade processual as seguintes figuras:

> Art. 3º São absolutamente incapazes de exercer pessoalmente os atos da vida civil os menores de 16 (dezesseis) anos.
> Art. 4º São incapazes, relativamente a certos atos ou à maneira de os exercer:
> I – os maiores de dezesseis e menores de dezoito anos;
> II – os ébrios habituais e os viciados em tóxico;
> III – aqueles que, por causa transitória ou permanente, não puderem exprimir sua vontade;
> IV – os pródigos.
> Parágrafo único. A capacidade dos indígenas será regulada por legislação especial.

No processo do trabalho, somente aos 18 anos de idade os empregados adquirem capacidade civil plena, ou seja, apenas com essa idade podem atuar em juízo sem o auxílio ou acompanhamento de outras pessoas, por meio da assistência ou representação. Não correrá nenhum prazo de prescrição contra os menores de 18 (dezoito) anos (art. 440, CLT).

É importante destacar a proibição constitucional de execução de algumas atividades pelo menor de idade, quais sejam, conforme art. 7º da CF "XXXIII – proibição de trabalho noturno, perigoso ou insalubre a menores de dezoito e de qualquer trabalho a menores de dezesseis anos, salvo na condição de aprendiz, a partir de quatorze anos".

Veja que, a partir dos 14 anos de idade, o trabalho poderá ser realizado somente na qualidade de aprendiz, que implica a observância das peculiaridades previstas na lei; com 16 anos, o trabalho pode ser realizado sem a necessidade de ser aprendiz, porém, com a proibição de trabalho noturno, perigoso ou insalubre; a partir dos 18 anos, o trabalhador poderá exercer toda e qualquer atividade, desde que lícita e legal, respeitadas as regras previstas no ordenamento jurídico brasileiro.

Complementa o art. 439 da CLT: "É lícito ao menor firmar recibo pelo pagamento dos salários. Tratando-se, porém, de rescisão do contrato de trabalho, é vedado ao menor de 18 (dezoito) anos dar, sem assistência dos seus responsáveis legais, quitação ao empregador pelo recebimento da indenização que lhe for devida".

Existe ainda a figura da emancipação, prevista no art. 5º do CC, que consiste na possibilidade de as pessoas físicas se tornarem capazes antes de concluídos os 18 anos de idade.

> Art. 5º A menoridade cessa aos dezoito anos completos, quando a pessoa fica habilitada à prática de todos os atos da vida civil.
> Parágrafo único. Cessará, para os menores, a incapacidade:
> I – pela concessão dos pais, ou de um deles na falta do outro, mediante instrumento público, independentemente de homologação judicial, ou por sentença do juiz, ouvido o tutor, se o menor tiver dezesseis anos completos;
> II – pelo casamento;
> III – pelo exercício de emprego público efetivo;
> IV – pela colação de grau em curso de ensino superior;

V – pelo estabelecimento civil ou comercial, ou pela existência de relação de emprego, desde que, em função deles, o menor com dezesseis anos completos tenha economia própria.

Schiavi (2017, p. 332) ensina sobre a emancipação pela existência de relação de emprego:

> Quanto ao inciso V do art. 5º do CC que prevê a emancipação do menor em razão da relação de emprego, e desde que em razão dela o menor tenha economia própria, pensamos que a menoridade cessa pela existência de vínculo de emprego, caso o menor receba um salário-mínimo por mês. Embora se possa dizer que o menor que recebe apenas um salário-mínimo não tem economia própria, acreditamos que a finalidade da lei ao conceder a emancipação legal foi no sentido de deferir a emancipação ao menor que apresenta maior maturidade em razão das responsabilidades inerentes ao contrato de trabalho. Portanto, desde que receba um salário-mínimo e exista relação de emprego, o menor de 18 anos e maior de 16 estará emancipado, inclusive para postular em juízo sem necessidade de representação ou assistência, independentemente de declaração judicial de emancipação. No nosso sentir, apesar de o salário-mínimo ser muito baixo no Brasil, segundo disposição constitucional, ele atende as necessidades do trabalhador (art. 7º, IV, da CF). De outro lado, o menor estará emancipado a partir de 16 anos completos, pois o trabalho é proibido antes dessa idade.

Do outro lado da relação de emprego pode existir a figura do empregador pessoa física, que também adquire capacidade civil plena para estar em juízo a partir dos 18 anos de idade, salvo nos casos de emancipação, estudados anteriormente.

Sobre a capacidade postulatória, no processo civil, em regra, a parte não pode elaborar as petições processuais, tendo em vista que essas manifestações só podem ser praticadas por profissionais devidamente habilitados, ou seja, são atuações privativas de advogado.

Sobre a capacidade postulatória na justiça do trabalho, Saraiva e Linhares (2018, p. 149) esclarecem que: "Todavia, no âmbito do Processo do Trabalho, a capacidade postulatória, nas demandas envolvendo relação de emprego, é conferida também às próprias partes, conforme analisaremos no item a seguir, que versa sobre o denominado *jus postulandi* da parte na seara trabalhista".

A justiça do trabalho adota o *jus postulandi*[4], que consiste nesse direito conferido às partes, empregados e empregadores, de reclamarem pessoalmente perante a justiça do trabalho e acompanhar suas reclamações até o final, sem assistência de advogado (art. 791 da CLT).

Dispõe o art. 839, da CLT:

> Art. 839 – A reclamação poderá ser apresentada:
> a) pelos empregados e empregadores, pessoalmente, ou por seus representantes, e pelos sindicatos de classe;
> b) por intermédio das Procuradorias Regionais da justiça do trabalho.

Nessa situação, estabelece o art. 4º da Resolução do CSJT n. 185, de 24 de março de 2017 (Brasil, 2017a) que todos os documentos em papel (peças processuais, provas etc.) deverão ser apresentados na unidade judiciária competente para recebê-los, que será responsável por sua inserção nos autos.

É necessário complementar que, apesar de a CLT prever a possibilidade de as partes atuarem até o final do processo sem a presença de advogados, o TST firmou entendimento no sentido de permitir a atuação das próprias partes somente perante os juízos de primeiro e segundo graus, não sendo possível a atuação nas instâncias extraordinárias, a exemplo do próprio TST.

Esse entendimento está consolidado na Súmula 425, do TST, transcrita a seguir:

> SUM-425 *JUS POSTULANDI* NA JUSTIÇA DO TRABALHO. ALCANCE. Res. 165/2010, DEJT divulgado em 30.04.2010 e 03 e 04.05.2010

---

4 Tradução para o português, segundo o Google Tradutor: o "direito de perguntar" (*Jus Postulandi*, 2021).

> O *jus postulandi* das partes, estabelecido no art. 791 da CLT, limita-se às Varas do Trabalho e aos Tribunais Regionais do Trabalho, não alcançando a ação rescisória, a ação cautelar, o mandado de segurança e os recursos de competência do Tribunal Superior do Trabalho. (Brasil, 2020d)

Com efeito, esta possibilidade dada ao trabalhador pode se configurar em um risco ao direito dele, tendo em vista a implantação do sistema judicial eletrônico e, principalmente, a exigência de conhecimento técnico para impulsionar o processo de maneira correta, reduzindo as chances de prejuízos às partes.

No processo trabalhista, é possível que as partes sejam representadas ou assistidas. Em linhas gerais, a representação e a assistência trazem a necessidade de uma terceira pessoa no processo, porém elas não se confundem.

Acerca da representação, ensinam Saraiva e Linhares (2018, p. 151): "Na representação, o representante age no processo em nome do titular da pretensão, defendendo o direito do próprio representado. Em outras palavras, o representante figura no processo em nome e na defesa de interesse de outrem".

O CPC, no art. 75, traz alguns exemplos de pessoas que são representadas por outra em juízo, das quais citamos as pessoas jurídicas de direito público (União, estados, Distrito Federal e municípios). Outro exemplo comum na esfera trabalhista é a representação de trabalhadores menores de 16 anos. Nesse caso, o incapaz será representado por seus pais ou tutor, com base no art. 71 do CPC.

Sobre a assistência, explicam Saraiva e Linhares (2018, p. 151):

> No que atine à assistência judicial dos relativamente incapazes, a grande diferença para a representação consiste no fato de que na assistência (ao contrário da representação) o assistente apenas supre a deficiência da declaração de vontade do assistido, sem substituí-la. Em outras palavras, não cabe ao assistente fazer acordo em nome do assistido, mas simplesmente ratificar ou não a declaração de vontade deste.
> Em outras palavras, na assistência faz-se necessária a declaração de vontade de ambos (assistente e assistido), enquanto na representação basta a declaração de vontade do representante em substituição a do representado.

Conforme o art. 793 da CLT, "A reclamação trabalhista do menor de 18 (dezoito) anos será feita por seus representantes legais e, na falta destes, pela Procuradoria da Justiça do Trabalho, pelo sindicato, pelo Ministério Público estadual ou curador nomeado em juízo".

Como já vimos, as partes possuirão o direito de postular sem advogado nas instâncias ordinárias, no entanto, também podem se fazer representar por um advogado, desde que confiram a ele poderes para tanto, por meio de instrumento de mandato (procuração), que deverá ser anexado nos autos do processo judicial.

O art. 104, parágrafos 1º e 2º do CPC, traz que "O advogado não será admitido a postular em juízo sem procuração, salvo para evitar preclusão, decadência ou prescrição, ou para praticar ato considerado urgente", porém, nesses casos, faz-se necessária a juntada do mandato nos autos "no prazo de 15 (quinze) dias, prorrogável por igual período por despacho do juiz". Destaca-se ainda que "o ato não ratificado será considerado ineficaz relativamente àquele em cujo nome foi praticado, respondendo o advogado pelas despesas e por perdas e danos".

A constituição de procurador com poderes para o foro em geral poderá ser efetivada previamente, por escrito ou mediante simples registro em ata de audiência, "a requerimento verbal do advogado interessado, com anuência da parte representada", conforme art. 791, parágrafo 3º, da CLT.

Saraiva e Linhares (2018, p. 154) reforçam que:

> Nesses casos, os poderes concedidos são para o foro em geral, chamados *ad judicia*, não englobando os poderes previstos no art. 105 do CPC (receber citação inicial, confessar, reconhecer a procedência do pedido, transigir, desistir, renunciar ao direito sobre o qual se funda a ação, receber, dar quitação, firmar compromisso e assinar declaração de hipossuficiência econômica, que devem constar de cláusula específica). Ressalte-se que o advogado com poderes para o foro em geral não poderá assinar declaração de hipossuficiência econômica, sendo esta uma inovação do atual Código de Processo Civil. Uma vez que o art. 15 do CPC determina que este será aplicável

subsidiária e supletiva mente no Processo do Trabalho, acreditamos que o procurador somente poderá declarar a situação econômica do reclamante quando tiver poderes expressos para tanto.

A procuração poderá ser assinada de forma digital, conforme art. 105, parágrafo 1º, do CPC. O nome do advogado ou o nome da sociedade de advogados, seu número de inscrição na Ordem dos Advogados do Brasil e endereço completo devem constar nos autos do instrumento de mandato (art. 105, §§ 2º e 3º, do CPC). Regra geral, a procuração é eficaz para todas as fases do processo, "salvo disposição expressa em sentido contrário constante do próprio instrumento" (art. 105, § 4º, do CPC).
De acordo com o art. 107 do CPC, o advogado tem direito:

> Art. 107. O advogado tem direito a:
> I – examinar, em cartório de fórum e secretaria de tribunal, mesmo sem procuração, autos de qualquer processo, independentemente da fase de tramitação, assegurados a obtenção de cópias e o registro de anotações, salvo na hipótese de segredo de justiça, nas quais apenas o advogado constituído terá acesso aos autos;
> II – requerer, como procurador, vista dos autos de qualquer processo, pelo prazo de 5 (cinco) dias;
> III – retirar os autos do cartório ou da secretaria, pelo prazo legal, sempre que neles lhe couber falar por determinação do juiz, nos casos previstos em lei.

As partes poderão revogar o mandato outorgado ao advogado. Nesse caso, se constituirá, no mesmo ato, novo advogado que assuma o patrocínio da causa (art. 111 do CPC). Não sendo constituído novo procurador no prazo de 15 dias, observar-se-á o disposto no art. 76 do CPC:

> Art. 76. Verificada a incapacidade processual ou a irregularidade da representação da parte, o juiz suspenderá o processo e designará prazo razoável para que seja sanado o vício.
> § 1º Descumprida a determinação, caso o processo esteja na instância originária:
> I – o processo será extinto, se a providência couber ao autor;
> II – o réu será considerado revel, se a providência lhe couber;

III – o terceiro será considerado revel ou excluído do processo, dependendo do polo em que se encontre.
§ 2º Descumprida a determinação em fase recursal perante tribunal de justiça, tribunal regional federal ou tribunal superior, o relator:
I – não conhecerá do recurso, se a providência couber ao recorrente;
II – determinará o desentranhamento das contrarrazões, se a providência couber ao recorrido.

A qualquer tempo o advogado também poderá renunciar aos poderes que lhe foram outorgados, comprovando que comunicou a renúncia, a fim de seja nomeado um sucessor. Contudo, desde que necessário, para evitar prejuízo ao mandante, continuará a representar este último, durante os 10 dias seguintes. Não será necessária a comunicação "quando a procuração tiver sido outorgada a vários advogados e a parte continuar representada por outro" (art. 112, §§ 1º e 2º, do CPC).

Além disso, não há proibição da atuação do advogado em causa própria. Nesse caso, o profissional terá a incumbência de declarar, na petição inicial ou na contestação, o endereço, seu número de inscrição na Ordem dos Advogados do Brasil e o nome da sociedade de advogados da qual participa para o recebimento de intimações. Em caso de descumprimento, o juiz ordenará que se supra a omissão, no prazo de 5 (cinco) dias, antes de determinar a citação do réu, sob pena de indeferimento da petição (art. 106 do CPC). Também deverá comunicar ao juízo qualquer mudança de endereço, sob pena de serem consideradas válidas as intimações enviadas por carta registrada ou meio eletrônico ao endereço constante dos autos.

Os deveres das partes, de seus procuradores e de todos aqueles que de qualquer modo participem do processo, estão elencados no art. 77 do CPC:

Art. 77. Além de outros previstos neste Código, são deveres das partes, de seus procuradores e de todos aqueles que de qualquer forma participem do processo:
I – expor os fatos em juízo conforme a verdade;
II – não formular pretensão ou de apresentar defesa quando cientes de que são destituídas de fundamento;

III – não produzir provas e não praticar atos inúteis ou desnecessários à declaração ou à defesa do direito;
IV – cumprir com exatidão as decisões jurisdicionais, de natureza provisória ou final, e não criar embaraços à sua efetivação.
V – declinar, no primeiro momento que lhes couber falar nos autos, o endereço residencial ou profissional onde receberão intimações, atualizando essa informação sempre que ocorrer qualquer modificação temporária ou definitiva;
VI – não praticar inovação ilegal no estado de fato de bem ou direito litigioso.

Nos casos previstos nos incisos IV e VI, o juiz advertirá qualquer das pessoas envolvidas no processo de que a conduta poderá ser punida como ato atentatório à dignidade da justiça, ficando sujeita a parte ao pagamento de multa, conforme o art. 77, parágrafos 2º e 5º, do CPC:

> Art. 77 [...]
> § 2º A violação ao disposto nos itens IV e VI constitui ato atentatório à dignidade da justiça, devendo o juiz, sem prejuízo das sanções criminais, civis e processuais cabíveis, aplicar ao responsável, multa de até 20% (vinte por cento) do valor da causa, de acordo com a gravidade da conduta.
> [...]
> § 5º Quando o valor da causa for irrisório ou inestimável, a multa prevista no § 2º poderá ser fixada em até 10 (dez) vezes o valor do salário-mínimo.

A falta de pagamento da referida multa no prazo fixado pelo juiz implicará inscrição como dívida ativa da União ou do Estado, e sua execução observará o procedimento da execução fiscal, sendo o valor revertido aos fundos de modernização do Poder Judiciário.

Segundo o art. 77, parágrafo 4º, do CPC, essa multa "poderá ser fixada independentemente da incidência das previstas nos arts. 523, § 1º ['Não ocorrendo pagamento voluntário no prazo do *caput*, o débito será acrescido de multa de dez por cento e de honorários de advogado de dez por cento'], e 536, § 1º ['o juiz poderá determinar, entre outras medidas, a imposição de multa, a busca e apreensão, a remoção de pessoas e coisas, o desfazimento de obras e o impedimento de atividade nociva, podendo, caso necessário, requisitar o auxílio de força policial']".

Não se aplica a respectiva multa aos "advogados públicos ou privados e aos membros da Defensoria Pública e do Ministério Público [...], devendo eventual responsabilidade disciplinar ser apurada pelo respectivo órgão de classe ou corregedoria, ao qual o juiz oficiará" (art. 77, § 6º, do CPC).

Reza o art. 77, parágrafo 7º, do CPC que: "reconhecida violação ao disposto no inciso VI, o juiz determinará o restabelecimento do estado anterior, podendo, ainda, proibir a parte de falar nos autos até a purgação do atentado", sem prejuízo da aplicação da multa. Além disso, "O representante judicial da parte não pode ser compelido a cumprir decisão em seu lugar" (art. 77, § 8º, do CPC).

Às partes, a seus procuradores, aos juízes, aos membros do Ministério Público e da Defensoria Pública e a qualquer pessoa que participe do processo é vedado empregar expressões ofensivas nos escritos apresentados (art. 78 do CPC).

O art. 78, parágrafo 1º, do CPC indica que, "Quando expressões ou condutas ofensivas forem manifestadas oral ou presencialmente, o juiz advertirá o ofensor de que não as deve usar ou repetir, sob pena de lhe ser cassada a palavra".

O art. 78, parágrafo 2º, aponta que: "De ofício ou a requerimento do ofendido, o juiz determina que as expressões ofensivas sejam riscadas e, a requerimento do ofendido, determinará a expedição de certidão com inteiro teor das expressões ofensivas e a colocará à disposição da parte interessada".

O reclamante, o reclamado e o interveniente, se litigarem de má-fé, poderão responder por perdas e danos. Segundo o art. 793-B da CLT:

> Art. 793-B. Considera-se litigante de má-fé aquele que:
> I – deduzir pretensão ou defesa contra texto expresso de lei ou fato incontroverso;
> II – alterar a verdade dos fatos;

III – usar do processo para conseguir objetivo ilegal;
IV – opuser resistência injustificada ao andamento do processo;
V – proceder de modo temerário em qualquer incidente ou ato do processo;
VI – provocar incidente manifestamente infundado;
VII – interpuser recurso com intuito manifestamente protelatório.

Sobre as penalidades aplicadas ao agente que agir de má-fé e à testemunha que alterar a verdade dos fatos ou omitir fatos essenciais ao julgamento da causa, dispõe a CLT:

> Art. 793-C. De ofício ou a requerimento, o juízo condenará o litigante de má-fé a pagar multa, que deverá ser superior a 1% (um por cento) e inferior a 10% (dez por cento) do valor corrigido da causa, a indenizar a parte contrária pelos prejuízos que esta sofreu e a arcar com os honorários advocatícios e com todas as despesas que efetuou.
> § 1º Quando forem dois ou mais os litigantes de má-fé, o juízo condenará cada um na proporção de seu respectivo interesse na causa ou solidariamente aqueles que se coligaram para lesar a parte contrária.
> § 2º Quando o valor da causa for irrisório ou inestimável, a multa poderá ser fixada em até duas vezes o limite máximo dos benefícios do Regime Geral de Previdência Social.
> § 3º O valor da indenização será fixado pelo juízo ou, caso não seja possível mensurá-lo, liquidado por arbitramento ou pelo procedimento comum, nos próprios autos.

Havendo a condenação do litigante que agiu de má-fé ao pagamento de multa, correrá, nos mesmos autos, a sua execução.

Exceto nos casos atinentes à justiça gratuita, dispõe o art. 82 do CPC que "incumbe às partes prover as despesas dos atos que realizarem ou requererem no processo, antecipando-lhes o pagamento, desde o início até a sentença final ou, na execução, até a plena satisfação do direito reconhecido no título". Cabe ao autor o adiantamento das "despesas relativas aos atos cuja realização o juiz determinar de ofício ou a requerimento do Ministério Público, quando sua intervenção ocorrer como fiscal da ordem jurídica" (art. 82, § 1º, do CPC). Ao final do processo, o vencido será condenado a pagar à parte contrária as despesas que esta antecipou.

As custas no processo do trabalho estão descritas no art. 789 da CLT:

> Art. 789. Nos dissídios individuais e nos dissídios coletivos do trabalho, nas ações e procedimentos de competência da justiça do trabalho, bem como nas demandas propostas perante a Justiça Estadual, no exercício da jurisdição trabalhista, as custas relativas ao processo de conhecimento incidirão à base de 2% (dois por cento), observado o mínimo de R$ 10,64 (dez reais e sessenta e quatro centavos) e o máximo de quatro vezes o limite máximo dos benefícios do Regime Geral de Previdência Social, e serão calculadas:
> I – quando houver acordo ou condenação, sobre o respectivo valor;
> II – quando houver extinção do processo, sem julgamento do mérito, ou julgado totalmente improcedente o pedido, sobre o valor da causa;
> III – no caso de procedência do pedido formulado em ação declaratória e em ação constitutiva, sobre o valor da causa;
> IV – quando o valor for indeterminado, sobre o que o juiz fixar.

Na justiça do trabalho, as custas também "serão pagas pelo vencido, após o trânsito em julgado da decisão". Vale esclarecer que, havendo propositura de recurso, "as custas serão pagas e comprovado o recolhimento dentro do prazo recursal" (art. 789, § 1º, da CLT).

Nas reclamações cuja condenação não for líquida, deverá o juízo deliberar sobre o valor que será base para o cálculo das custas processuais.

Nos casos em que houver acordo, o pagamento das custas será rateado entre as partes litigantes, salvo se for convencionado de outra forma.

Nos dissídios coletivos, as custas serão calculadas sobre o valor arbitrado na decisão, ou pelo presidente do tribunal, e as partes vencidas responderão solidariamente pelo pagamento.

As custas também são devidas na fase de execução e sempre serão de responsabilidade do executado e pagas ao final, conforme a seguinte tabela prevista no art. 789-A da CLT:

> Art. 789-A. [...]
> I – autos de arrematação, de adjudicação e de remição: 5% (cinco por cento) sobre o respectivo valor, até o máximo de R$1.915,38 (um mil, novecentos e quinze reais e trinta e oito centavos;

II – atos dos oficiais de justiça, por diligência certificada:
a. em zona urbana: R$ 11,06 (onze reais e seis centavos);
b. em zona rural: R$ 22,13 (vinte e dois reais e treze centavos);
III – agravo de instrumento: R$ 44,26 (quarenta e quatro reais e vinte e seis centavos);
IV – agravo de petição: R$ 44,26 (quarenta e quatro reais e vinte e seis centavos);
V – embargos à execução, embargos de terceiro e embargos à arrematação: R$ 44,26 (quarenta e quatro reais e vinte e seis centavos);
VI – recurso de revista: R$ 55,35 (cinquenta e cinco reais e trinta e cinco centavos);
VII – impugnação à sentença de liquidação: R$ 55,35 (cinqüenta e cinco reais e trinta e cinco centavos);
VIII – despesa de armazenagem em depósito judicial – por dia: 0,1% (um décimo por cento) do valor da avaliação;
IX – cálculos de liquidação realizados pelo contador do juízo – sobre o valor liquidado: 0,5% (cinco décimos por cento) até o limite de R$ 638,46 (seiscentos e trinta e oito reais e quarenta e seis centavos).

De acordo com o art. 790, parágrafo 1º, da CLT: "Tratando-se de empregado que não tenha obtido o benefício da justiça gratuita, ou isenção de custas, o sindicato que houver intervindo no processo responderá solidariamente pelo pagamento das custas devidas".
Outra despesa que pode existir no processo são os emolumentos. As partes poderão requerer à justiça do trabalho cópias, autenticação de peças, certidões, entre outros documentos, porém, deverão pagar uma taxa remuneratória de serviços públicos que serão suportados pelo requerente, chamada de *emolumento*.
Conforme o art. 790 da CLT: "nas Varas do Trabalho, nos Juízos de Direito, nos Tribunais e no Tribunal Superior do Trabalho, a forma de pagamento das custas e emolumentos obedecerá às instruções que serão expedidas pelo Tribunal Superior do Trabalho".
Acerca dos honorários do advogado, existem três tipos: 1) contratuais; 2) assistenciais; 3) sucumbenciais.
Os honorários contratuais consistem na remuneração paga pela prestação de um serviço realizado por um advogado. A justiça do trabalho é incompetente para julgar ação de cobrança relativa a esses honorários. Conforme a Súmula 363 do STJ (Brasil, 2020e),

compete à justiça estadual processar e julgar a ação de cobrança ajuizada por profissional liberal contra cliente.

Os honorários assistenciais são devidos nos casos em que o reclamante é assistido pelo sindicato de sua categoria.

Aos advogados, quando da prestação de serviços profissionais, é assegurado o direito aos honorários convencionados, aos fixados por arbitramento judicial e aos de sucumbência.

Os honorários de sucumbência consistem no dever da parte perdedora de arcar com os honorários do advogado que atuou no processo defendendo os interesses da parte vencedora.

Nessa esteira, complementa o art. 23 da Lei n. 8.906, de 4 de julho de 1994 (Brasil, 1994): "Art. 23. Os honorários incluídos na condenação, por arbitramento ou sucumbência, pertencem ao advogado, tendo este direito autônomo para executar a sentença nesta parte, podendo requerer que o precatório, quando necessário, seja expedido em seu favor".

Também terá direito aos honorários de sucumbência o advogado que atuou em causa própria, nos termos o art. 791-A da CLT:

> Art. 791-A. Ao advogado, ainda que atue em causa própria, serão devidos honorários de sucumbência, fixados entre o mínimo de 5% (cinco por cento) e o máximo de 15% (quinze por cento) sobre o valor que resultar da liquidação da sentença, do proveito econômico obtido ou, não sendo possível mensurá-lo, sobre o valor atualizado da causa.

Nas ações contra a Fazenda Pública e nas ações em que a parte estiver assistida ou substituída pelo sindicato de sua categoria, também são devidos os honorários de sucumbência. Conforme dispõe o art. 791-A, parágrafo 2º, da CLT:

> § 2º Ao fixar os honorários, o juízo observará:
> I – o grau de zelo do profissional;
> II – o lugar de prestação do serviço;
> III – a natureza e a importância da causa;
> IV – o trabalho realizado pelo advogado e o tempo exigido para o seu serviço.

Quando a decisão judicial for parcialmente procedente, o juízo arbitrará honorários de sucumbência recíproca, no entanto, não poderá ser feita a compensação entre os honorários.

Havendo reconvenção, também serão devidos os honorários de sucumbência. Segundo o art. 343 do CPC:

> Na contestação, é lícito ao réu propor reconvenção para manifestar pretensão própria, conexa com a ação principal ou com o fundamento da defesa.
> § 1º Proposta a reconvenção, o autor será intimado, na pessoa de seu advogado, para apresentar resposta no prazo de 15 (quinze) dias.
> § 2º A desistência da ação ou a ocorrência de causa extintiva que impeça o exame de seu mérito não obsta ao prosseguimento do processo quanto à reconvenção.
> § 3º A reconvenção pode ser proposta contra o autor e terceiro.
> § 4º A reconvenção pode ser proposta pelo réu em litisconsórcio com terceiro.
> § 5º Se o autor for substituto processual, o reconvinte deverá afirmar ser titular de direito em face do substituído, e a reconvenção deverá ser proposta em face do autor, também na qualidade de substituto processual.
> § 6º O réu pode propor reconvenção independentemente de oferecer contestação.

Veremos em um tópico específico que, em algumas situações, é necessária a análise técnica de alguns fatos. Essa avaliação é realizada por peritos que recebem como contraprestação, pelos serviços realizados, os honorários periciais. Como exemplo podemos citar os médicos que analisam se a doença é laboral ou não; os engenheiros que analisam se o meio ambiente do trabalho é insalubre ou não, entre outros.

Estabelece a CLT que:

> Art. 790-B. A responsabilidade pelo pagamento dos honorários periciais é da parte sucumbente na pretensão objeto da perícia, ainda que beneficiária da justiça gratuita.
> § 1º Ao fixar o valor dos honorários periciais, o juízo deverá respeitar o limite máximo estabelecido pelo Conselho Superior da Justiça do Trabalho.
> § 2º O juízo poderá deferir parcelamento dos honorários periciais.

> § 3º O juízo não poderá exigir adiantamento de valores para realização de perícias.
> § 4º Somente no caso em que o beneficiário da justiça gratuita não tenha obtido em juízo créditos capazes de suportar a despesa referida no caput, ainda que em outro processo, a União responderá pelo encargo.

Traz o art. 5º, inciso LXXIV, da CF que "o Estado prestará assistência jurídica integral e gratuita aos que comprovarem insuficiência de recursos". Nessa esteira, dispõe o art. 790, parágrafos 3º e 4º, da CLT:

> Art. 790. [...]
> § 3º É facultado aos juízes, órgãos julgadores e presidentes dos tribunais do trabalho de qualquer instância conceder, a requerimento ou de ofício, o benefício da justiça gratuita, inclusive quanto a traslados e instrumentos, àqueles que perceberem salário igual ou inferior a 40% (quarenta por cento) do limite máximo dos benefícios do Regime Geral de Previdência Social.
> § 4º O benefício da justiça gratuita será concedido à parte que comprovar insuficiência de recursos para o pagamento das custas do processo.

Portanto, conforme os parágrafos citados, a justiça gratuita será concedida em duas situações: 1) "àqueles que receberem salário igual ou inferior a 40% (quarenta por cento) do limite máximo dos benefícios do Regime Geral de Previdência Social"; 2) àqueles que receberem acima dos 40% indicados, mas não tiverem recursos para arcar com as despesas do processo.

Com isso, podemos observar que o benefício da justiça gratuita é um direito não só das pessoas físicas, mas também das pessoas jurídicas, uma vez que o referido artigo menciona que o benefício será concedido àqueles que comprovarem insuficiência de recursos.

Sobre a necessidade de comprovação da hipossuficiência, Saraiva e Linhares (2018, p. 159) esclarecem:

> Discute-se se as pessoas físicas e jurídicas devem comprovar sua situação econômica para valerem-se do benefício da justiça gratuita. O debate deve-se à redação do § 4º, do art. 790, da CLT, que determina

> que o benefício da justiça gratuita será concedido à parte que comprovar insuficiência de recursos para o pagamento das custas do processo. Entendemos que para a pessoa física basta a mera declaração de ausência de recursos, sendo tal comprovação exigida apenas para a pessoa jurídica.
> A nosso ver, esta é a interpretação correta pelo seguinte motivo. Antes mesmo do disposto no art. 790, § 4º, da CLT, a Constituição, em seu art. 5º, LXXIV, já se referia à comprovação da insuficiência de recursos e os Tribunais entendiam que para a pessoa física bastava a simples declaração de tal insuficiência, sendo inexigível qualquer demonstração de pobreza.
> Depois, a CLT determina a comprovação da insuficiência de recursos, mas não esclarece em quais situações ou como a prova deve ser realizada, hipóteses em que o art. 769 da CLT e 15 do CPC autorizam a aplicação supletiva do CPC, neste caso do art. 99, § 3º, do CPC.
> Por seu turno, o art. 99, § 3º, do CPC, prevê a presunção de veracidade da alegação de que não há recursos financeiros para arcar com as despesas processuais apenas para a pessoa natural, sendo que a pessoa jurídica deverá comprovar tal impossibilidade financeira.

É importante destacar que, além dos beneficiários de justiça gratuita, também são isentos do pagamento de custas: "I – a União, os Estados, o Distrito Federal, os Municípios e respectivas autarquias e fundações públicas federais, estaduais ou municipais que não explorem atividade econômica; II – o Ministério Público do Trabalho" (art. 790-A da CLT).

No entanto, é importante observar o disposto no art. 790-A, parágrafo único, da CLT: "A isenção prevista neste artigo não alcança as entidades fiscalizadoras do exercício profissional, nem exime as pessoas jurídicas referidas no inciso I da obrigação de reembolsar as despesas judiciais realizadas pela parte vencedora".

Por fim, reza o art. 791-A, parágrafo 4º, da CLT:

> Art. 791-A. [...]
> § 4º Vencido o beneficiário da justiça gratuita, desde que não tenha obtido em juízo, ainda que em outro processo, créditos capazes de suportar a despesa, as obrigações decorrentes de sua sucumbência ficarão sob condição suspensiva de exigibilidade e somente poderão ser executadas se, nos dois anos subsequentes ao trânsito em julgado da decisão que as certificou, o credor demonstrar que deixou de existir

a situação de insuficiência de recursos que justificou a concessão de gratuidade, extinguindo-se, passado esse prazo, tais obrigações do beneficiário.

Regra geral, está prescrita em lei a quantidade de tempo (prazo) para o cumprimento de cada ato processual. Dispõe o art. 218 do CPC:

> Art. 218. Os atos processuais serão realizados nos prazos prescritos em lei.
> § 1º Quando a lei for omissa, o juiz determinará os prazos em consideração à complexidade do ato.
> § 2º Quando a lei ou o juiz não determinar prazo, as intimações somente obrigarão a comparecimento após decorridas 48 (quarenta e oito) horas.
> § 3º Inexistindo preceito legal ou prazo determinado pelo juiz, será de 5 (cinco) dias o prazo para a prática de ato processual a cargo da parte.
> § 4º Será considerado tempestivo o ato praticado antes do termo inicial do prazo.

Terão prazo em dobro, para todas as manifestações processuais, cuja contagem terá início a partir da intimação pessoal, o Ministério Público, a administração pública direta (União, estados, municípios e DF), suas autarquias e fundações de direito público. Todavia, a contagem não será de forma dobrada quando, de forma expressa, a lei prever prazo próprio para o ente público (art. 186, e parágrafos, do CPC).

Dispõe o art. 775 da CLT que os prazos na justiça do trabalho "serão contados em dias úteis, com exclusão do dia do começo e inclusão do dia do vencimento".

Se a parte for notificada no sábado, domingo e/ou feriado, o início do prazo se dará no primeiro dia útil imediato, e a contagem, no subsequente (Súmula 262 do TST – Brasil, 2020f).

Para o TST, em casos de feriados locais, cabe à parte apresentar comprovação nos autos, enquanto nos casos de feriados forenses, incumbirá à autoridade que proferir a decisão de admissibilidade certificar nos autos. Vejamos a Súmula 385 do TST (Brasil, 2020f):

SUM-385 FERIADO LOCAL OU FORENSE. AUSÊNCIA DE EXPEDIENTE. PRAZO RECURSAL. PRORROGAÇÃO. COMPROVAÇÃO. NECESSIDADE (alterada em decorrência do CPC de 2015) – Res. 220/2017 – DEJT divulgado em 21, 22 e 25.09.2017
I – Incumbe à parte o ônus de provar, quando da interposição do recurso, a existência de feriado local que autorize a prorrogação do prazo recursal (art. 1.003, § 6º, do CPC de 2015). No caso de o recorrente alegar a existência de feriado local e não o comprovar no momento da interposição do recurso, cumpre ao relator conceder o prazo de 5 (cinco) dias para que seja sanado o vício (art. 932, parágrafo único, do CPC de 2015), sob pena de não conhecimento se da comprovação depender a tempestividade recursal;
II – Na hipótese de feriado forense, incumbirá à autoridade que proferir a decisão de admissibilidade certificar o expediente nos autos;
III – Admite-se a reconsideração da análise da tempestividade do recurso, mediante prova documental superveniente, em agravo de instrumento, agravo interno, agravo regimental, ou embargos de declaração, desde que, em momento anterior, não tenha havido a concessão de prazo para a comprovação da ausência de expediente forense.

Desse modo, em virtude de força maior, devidamente comprovada e/ou quando o juízo entender necessário, os prazos poderão ser prorrogados pelo tempo estritamente necessário. Além disso, de modo a conferir maior efetividade à tutela do direito, compete ao juízo a dilação dos prazos processuais e a alteração da ordem da produção dos meios de prova, adequando-os às necessidades do conflito (art. 775, e parágrafos, da CLT).

Nos dias compreendidos entre 20 de dezembro e 20 de janeiro, inclusive, de cada ano, o curso do prazo processual permanecerá suspenso e não serão realizadas audiência e sessões de julgamento. Entretanto, nesse período, os juízes, os membros do Ministério Público, da Defensoria Pública e da Advocacia Pública e os auxiliares da justiça deverão exercer suas atribuições normalmente, exceto se o período coincidir com suas férias individuais ou com os feriados instituídos por lei.

Será suspenso o curso do prazo, que deverá ser restituído por tempo igual ao que faltava para sua complementação, por obstáculo criado em detrimento da parte ou ocorrendo qualquer das hipóteses do art. 313 do CPC, relacionadas a seguir:

Art. 313. Suspende-se o processo:
I – pela morte ou pela perda da capacidade processual de qualquer das partes, de seu representante legal ou de seu procurador;
II – pela convenção das partes;
III – pela arguição de impedimento ou de suspeição;
IV – pela admissão de incidente de resolução de demandas repetitivas;
V – quando a sentença de mérito:
a) depender do julgamento de outra causa ou da declaração de existência ou de inexistência de relação jurídica que constitua o objeto principal de outro processo pendente;
b) tiver de ser proferida somente após a verificação de determinado fato ou a produção de certa prova, requisitada a outro juízo;
VI – por motivo de força maior;
VII – quando se discutir em juízo questão decorrente de acidentes e fatos da navegação de competência do Tribunal Marítimo;
VIII – nos demais casos que este Código regula.
IX – pelo parto ou pela concessão de adoção, quando a advogada responsável pelo processo constituir a única patrona da causa;
X – quando o advogado responsável pelo processo constituir o único patrono da causa e tornar-se pai.

Quando os litisconsortes tiverem diferentes procuradores, Saraiva e Linhares (2018, p. 124) ensinam que:

> Vale destacar que no âmbito da Justiça do Trabalho não será aplicado o art. 229 do CPC, que determina que quando os litisconsortes tiverem diferentes procuradores, de escritórios de advocacia distintos, terão prazo em dobro para todas as suas manifestações, em qualquer juízo ou tribunal, independentemente de requerimento, já que tal preceito atenta contra o princípio da celeridade processual trabalhista (entendimento consubstanciado na OJ 310 da SDI-I/TST). Ainda que os litisconsortes com procuradores diferentes não tenham prazos diferenciados no Processo do Trabalho, convém destacar que o atual Código de Processo Civil trouxe mudanças. Não basta que os litisconsortes tenham patronos diversos, estes devem pertencer a escritórios de advocacia distintos, para que os prazos sejam computados em dobro (art. 229 do CPC). Além disso, o prazo será contado normalmente se, havendo apenas dois réus, for oferecida defesa por apenas um deles (art. 229, § 1º, do CPC). Da mesma forma, o prazo não será em dobro quando os autos forem eletrônicos (art. 229, § 2º, do CPC).

Segundo o CPC, os prazos se suspendem durante a execução de programa instituído pelo Poder Judiciário para promover a autocomposição, sendo incumbida aos tribunais especificar, com antecedência, a duração dos trabalhos.

Em todos os períodos de suspensão do expediente forense (recessos, período noturno, finais de semana, feriados etc.) não haverá atendimento ao público. Nesse caso, o atendimento aos casos urgentes será realizado por meio dos plantões judiciários. Caberá aos escrivães ou secretários a certificação do vencimento dos prazos nos processos.

A seguir elencamos os principais prazos processuais trabalhistas:

Quadro 2.1 – Prazos processuais trabalhistas

Ato	Prazo	Base legal
Petição inicial – envio ao reclamado	48 horas	art. 841 da CLT
Defesa verbal	20 minutos	art. 847 da CLT
Razões finais verbais	10 minutos	art. 850 da CLT
Recurso ordinário	8 dias	art. 895 da CLT
Recurso de revista	8 dias	art. 896 da CLT
Agravo de petição	8 dias	art. 897, a, CLT
Agravo de instrumento	8 dias	art. 897, b, CLT
Embargos de declaração	5 dias	art. 897-A, CLT
Embargos de divergência	8 dias	art. 3º, inciso III, alínea "b", da Lei n. 7.701/1988 c/c art. 258 do Regimento Interno do TST (Resolução Administrativa n. 1.937, de 20 de novembro de 2017 – Brasil, 2017d)

(continua)

(Quadro 2.1 - continuação)

Ato	Prazo	Base legal
Embargos infringentes	8 dias	art. 2º, inciso II, alínea "e", da Lei n. 7.701/1988 c/c (cumulado com) art. 262 do Regimento Interno do TST (Resolução Administrativa n. 1.937/2017)
Recurso adesivo	8 dias	art. 997 do CPC e Súmula 283 do TST (Brasil, 2020f)
Recurso extraordinário	15 dias	art. 102, III, CF/1988
Agravo regimental	Depende de cada regimento interno, sendo, em geral, 5 dias.	Regimento interno dos tribunais
Depósito recursal	Deve ser pago e comprovado dentro do prazo recursal.	art. 7º da Lei n. 5.584, de 26 de junho de 1970 (Brasil, 1970) e Súmula 245 do TST (Brasil, 2020f)
Custas judiciais	Serão pagas pelo vencido após o trânsito em julgado. Em caso de recurso, deverão ser pagas e comprovadas dentro do prazo recursal.	Art. 789, parágrafo 1º, da CLT
Custas da execução	Pagas ao final	art. 789-A da CLT
Embargos à execução	5 dias	art. 884 da CLT
Impugnação na execução	5 dias	art. 884 da CLT
Embargos à execução pela Fazenda Pública	30 dias	art. 910 do CPC
Devolução da notificação postal pelos correios ao tribunal ou vara, em caso de o destinatário não ser encontrado ou houver recusa de recebimento	48 horas	art. 774, parágrafo único, da CLT
Reclamação verbal - redução a termo	5 dias	art. 786, parágrafo único, da CLT

(Quadro 2.1 - continuação)

Ato	Prazo	Base legal
Perda do direito de reclamar à justiça do trabalho – não redução a termo de reclamação verbal ou quando o reclamante der causa a dois arquivamentos seguidos	6 meses	arts. 731 e 732 da CLT
Arguição de nulidade	Primeira oportunidade em que a parte tiver de se manifestar nos autos e/ou audiência.	art. 795 da CLT
Exceção de incompetência – prazo para manifestação do exceto	No prazo de 5 dias a contar da notificação para a audiência.	art. 800 da CLT
Duração máxima da audiência	5 horas seguidas, salvo matéria urgente	art. 813 da CLT
Audiência designada para outro local – comunicação por meio de edital fixado na sede do juízo ou tribunal – antecedência mínima	24 horas	art. 813, parágrafo 1º, da CLT
Juntada aos autos da ata de julgamento	48 horas contadas da audiência de julgamento	art. 851, parágrafo 2º, da CLT
Prazo decadencial para ajuizamento de inquérito para apuração de falta grave	30 dias contados da suspensão do empregado	art. 853 da CLT
Prazo para ajuizamento de ação rescisória	2 anos contados do trânsito em julgado da decisão	art. 975 do CPC e art. 836 da CLT
Retirada das partes, testemunhas e demais presentes em função de atraso do juiz para comparecimento à audiência	15 minutos após a hora marcada para a audiência	art. 815, parágrafo único, da CLT
Retirada do advogado pelo não comparecimento do juiz à audiência	30 minutos após a hora marcada para a audiência	art. 7º, inciso XX, da Lei nº 8.906/1994

(Quadro 2.1 – continuação)

Ato	Prazo	Base legal
Audiência de conciliação – dissídio coletivo	10 dias após recebida e protocolada a representação	art. 860 da CLT
Audiência de conciliação – instauração pelo juiz (*ex officio*) (paralisação dos serviços pelos empregados)	O mais breve possível, após o reconhecimento do dissídio	art. 860, parágrafo único, da CLT
Extensão do dissídio coletivo a toda categoria profissional – prazo para manifestação dos interessados	Prazo não inferior a 30 dias nem superior a 60 dias	art. 870, parágrafo 1º, da CLT
Revisão do dissídio coletivo – prazo para manifestação dos interessados	30 dias	art. 874, parágrafo único, da CLT
Prazo para pagamento ou garantia da execução trabalhista	48 horas	art. 880 da CLT
Prazo para realização de audiência – produção de provas – embargos à execução	5 dias	art. 884, parágrafo 2º, da CLT
Prazo para julgamento dos embargos à execução	5 dias	art. 885 da CLT
Prazo mínimo entre o recebimento da notificação postal pelo reclamado e a realização da audiência	5 dias	art. 841 da CLT
Prazo mínimo necessário entre o recebimento da notificação por pessoa jurídica de direito público e a realização da audiência	20 dias (quádruplo do prazo fixado no art. 841 da CLT)	art. 1º, inciso II, do Decreto-Lei n. 779, de 21 de agosto de 1969 (Brasil, 1969)
Autarquias e fundações de direito público – manifestações	Prazo em dobro	art. 183 do CPC
União, estados, Distrito Federal e municípios – manifestações	Prazo em dobro	art. 183 do CPC

(Quadro 2.1 - conclusão)

Ato	Prazo	Base legal
Ministério Público – manifestações	Prazo em dobro * Não se aplica o benefício da contagem em dobro quando a lei estabelecer, de forma expressa, prazo próprio para o Ministério Público.	art. 180, parágrafo 2º, do CPC
Oficial de justiça – cumprimento dos atos processuais ordenados	9 dias	art. 721, parágrafo 2º da CLT
Prazo prescricional para postulação de créditos trabalhistas	5 anos na vigência do contrato do trabalho, limitado a 2 anos após a extinção do vínculo.	art. 7, inciso XXIX da CF/1988

2.3 Processo de jurisdição voluntária e contenciosa

O CPC dispõe sobre os denominados *procedimentos especiais*, que se encontram previstos no Título III do citado diploma, destinados às ações de consignação em pagamento, de exigência de contas, possessórias etc., e os chamados *procedimentos de jurisdição voluntária*, tratados no Capítulo XV do código.

A jurisdição voluntária, para Leite (2021, p. 325), "visa à participação do Estado, como mero administrador de interesses privados, para dar validade a negócios jurídicos por meio de um procedimento judicial, pois não existe lide nem partes, mas apenas interessados, sendo que a decisão proferida fará, tão somente, coisa julgada formal".

Conforme Schiavi (2017), na justiça do trabalho, são raros os exemplos dessa jurisdição, dos quais destacamos: requerimentos de alvarás judiciais para saque do Fundo de Garantia do Tempo de Serviço (FGTS), assim como a homologação de pedidos de demissão de empregados estáveis, conforme dispõe o art. 500 da CLT: "O pedido de demissão do empregado estável só será válido quando feito com a assistência do respectivo sindicato e, se não o houver, perante autoridade local competente do Ministério do Trabalho ou da Justiça do Trabalho".

Outro exemplo previsto na CLT é a homologação de acordo extrajudicial. Dispõe a CLT, no art. 855-B, que "O processo de homologação de acordo extrajudicial terá início por petição conjunta, sendo obrigatória a representação das partes por advogado"; além disso, é vedada a representação de ambas as partes pelo mesmo advogado, podendo o trabalhador ser assistido pelo advogado do sindicato de sua categoria.

Após a distribuição da petição, no prazo de 15 dias, o juiz analisará o acordo e, se entender necessário, poderá designar audiência e proferirá a sentença.

A petição de homologação de acordo extrajudicial, devidamente distribuída/autuada, suspende o prazo prescricional da ação quanto aos direitos nela especificados. Todavia, o prazo prescricional voltará a fluir no dia útil seguinte ao do trânsito em julgado da decisão que negar a homologação do acordo.

Dispõe o art. 855-C da CLT que, mesmo havendo a homologação do acordo extrajudicial, cabe ao empregador observar as regras de anotação na Carteira de Trabalho e Previdência Social (CTPS) do trabalhador, bem como comunicar a dispensa aos órgãos competentes e de realizar o pagamento das devidas verbas rescisórias, que deverão ser efetuados até dez dias contados a partir do término do contrato.

A inobservância dessas disposições sujeitará o infrator à multa de 160 BTN[5], por trabalhador, assim como ao pagamento da multa a favor do empregado, em valor equivalente ao salário, devidamente corrigido pelo índice de variação do BTN, salvo quando

---

5 Bônus do Tesouro Nacional – BTN: consiste em um índice usado como referencial de indexação de tributos e contribuições federais, também reconhecido como referencial da correção monetária do balanço. Foi criado pela Lei n. 7.799, de 10 de julho de 1989 (Brasil, 1989) e foi substituído pela TR -Taxa Referencial, previsto na Lei n. 8.177, de 1º de março de 1991 (Brasil, 1991c).

o trabalhador comprovadamente der causa à mora, ou seja, ao atraso.

O caminho regular para a consecução de uma decisão judicial, ou seja, os procedimentos e atos obrigatórios para se obter o resultado de um processo dependem do rito processual adequado. No processo do trabalho aplicam-se os seguintes ritos: ordinário; sumaríssimo; sumário. Estudaremos esses ritos em tópico específico.

Leite (2021, p. 325) ensina que a jurisdição contenciosa "visa à composição de litígios por meio de um processo autêntico, pois existe uma lide a ser resolvida, com a presença de partes e aplicação dos efeitos da revelia, sendo que a decisão fará coisa julgada formal e material".

O processo trabalhista contencioso, independentemente do procedimento adotado, pode ser dividido em duas fases: 1) fase de conhecimento; 2) fase de execução.

A fase de conhecimento consiste na busca pela verdade dos fatos que embasam a ação por meio de produção de provas. As principais etapas são as seguintes:

- petição inicial;
- resposta do réu;
- audiência inicial ou de conciliação;
- perícia;
- audiência de instrução/prosseguimento;
- sentença;
- recursos da fase de conhecimento.

A fase de execução consiste na etapa em que acontecem os atos necessários para o pagamento dos créditos reconhecidos na decisão proferida no processo de conhecimento, assim como daqueles resultantes de acordos que não foram cumpridos.

Como exemplo dessas fases, citamos o pedido de pagamento de horas extras realizadas pelo empregado. Na **fase de conhecimento**, o juiz vai indicar se o reclamante realizou ou não as horas extras e se elas foram pagas pelo reclamado. Já na **fase de execução**, considerando que tenha sido condenado ao pagamento das horas extras, o empregador terá conhecimento do valor atualizado da verba devida para efetuar o pagamento. Nessa fase, as partes são chamadas de *exequente* (credor) e *executado* (devedor).

São objeto da execução, como regra, os valores reconhecidos em favor do credor, os honorários periciais, os honorários sucumbenciais, as custas processuais e os eventuais juros e correção monetária.

A fase de execução precisa ser iniciada/promovida pelas partes; somente quando a parte não estiver assistida por advogado, o juiz poderá iniciar de ofício, ou seja, sem o requerimento das partes.

As contribuições previdenciárias (e seus acréscimos legais) que incidirem nos valores das decisões proferidas e dos acordos homologados serão executadas na própria justiça do trabalho.

As principais etapas da fase de execução são:

- liquidação de sentença;
- sentença de liquidação;
- embargos à execução;
- impugnação à sentença de liquidação;
- penhora e avaliação (bloqueio dos bens);
- sentença de embargos à execução e de impugnação à sentença de liquidação;
- leilão judicial;
- satisfação do crédito;
- arquivamento.

2.4 Ritos no processo do trabalho

Como vimos, na justiça do trabalho existem três ritos processuais que podem ser adotados, intitulados de *rito ordinário, rito sumaríssimo e rito sumário*.

Esses ritos indicam o modo de tramitação do processo e são diferenciados, por exemplo, pelo valor da causa, pelo desmembramento ou não da audiência etc.

Em linhas gerais, o rito ordinário dedica-se às causas cujo valor excedam a 40 salários-mínimos, bem como àquelas em que a administração pública direta, autárquica e fundacional atue como parte e, nesses casos, não importa qual seja o valor da causa.

Nesse rito, a audiência, que em regra deve ser una e contínua, poderá ser desmembrada, para que atenda à tentativa de conciliação, apresentação da resposta do réu e dos documentos, designação de perícias, expedição de cartas precatórias, ao colhimento dos depoimentos das partes e das testemunhas. Após a fase de instrução, o processo é disponibilizado para a elaboração da sentença (Rio Grande do Sul, 2021a).

O procedimento sumaríssimo tem por objetivo tornar o processo trabalhista mais célere. Destacaremos aqui, as principais peculiaridades desse procedimento.

Serão submetidos ao procedimento sumaríssimo os dissídios individuais cujo valor não exceda a 40 vezes o salário-mínimo vigente na data do ajuizamento da reclamação. Perceba que não se aplica aos dissídios coletivos. No entanto, ainda que o valor não exceda o valor indicado, estão excluídas do procedimento sumaríssimo as demandas em que é parte a administração pública direta, autárquica e fundacional, conforme dispõe o art. 852-A, parágrafo único, da CLT.

As reclamatórias enquadradas nesse procedimento deverão observar as seguintes regras, com base nos incisos do art. 852-B da CLT:

> Art. 852-B. [...]
> I – o pedido deverá ser certo ou determinado e indicará o valor correspondente;
> II – não se fará citação por edital, incumbindo ao autor a correta indicação do nome e endereço do reclamado;
> III – a apreciação da reclamação deverá ocorrer no prazo máximo de quinze dias do seu ajuizamento, podendo constar de pauta especial, se necessário, de acordo com o movimento judiciário da Junta de Conciliação e Julgamento.

O reclamante que deixar de observar as regras previstas nos incisos I e II terá sua reclamação arquivada e será condenado ao pagamento de custas sobre o valor da causa.

Segundo dispõe o art. 852-B, parágrafo 2º, da CLT: "As partes e advogados comunicarão ao juízo as mudanças de endereço ocorridas no curso do processo, reputando-se eficazes as intimações enviadas ao local anteriormente indicado, na ausência de comunicação".

Serão instruídas e julgadas em audiência única, sob a direção de um magistrado, as demandas sujeitas a rito sumaríssimo, ou seja, a tentativa conciliatória, a apresentação da resposta e dos documentos, a manifestação da parte contrária sobre os documentos e a oitiva das partes e das testemunhas são concentrados em uma única audiência. Em regra, não será possível partilhar a audiência, como ocorre frequentemente no procedimento ordinário.

Sobre as provas, esclarece o art. 852-D da CLT:

> Art. 852-D. O juiz dirigirá o processo com liberdade para determinar as provas a serem produzidas, considerado o ônus probatório de cada litigante, podendo limitar ou excluir as que considerar excessivas, impertinentes ou protelatórias, bem como para apreciá-las e dar especial valor às regras de experiência comum ou técnica.

Iniciada a audiência, o juiz irá propor a solução da lide de forma amigável, esclarecendo às partes presentes sobre as vantagens da conciliação e usará os meios adequados de persuasão para a solução conciliatória do litígio; aliás, esse procedimento poderá ser repetido em qualquer fase da audiência. No entanto, não há a obrigatoriedade de duas propostas, como ocorre no procedimento ordinário.

As afirmações fundamentais das partes e as informações úteis à solução da lide mencionadas pela testemunha serão registrados resumidamente na ata de audiência.

Todas as questões serão decididas na sentença, exceto os incidentes e as exceções que possam interferir no prosseguimento da audiência e do processo, que serão decididos de imediato.

Ainda que não requeridas previamente, todas as provas serão produzidas na audiência de instrução e julgamento.

A parte contrária deverá se manifestar imediatamente sobre os documentos apresentados por uma das partes, sem interrupção da audiência, salvo absoluta impossibilidade, a critério do juiz, como os casos em que a reclamada apresenta número exorbitante de documentos.

Cada parte poderá apresentar à audiência de instrução e julgamento até o máximo de duas testemunhas, independentemente de intimação. A intimação somente será deferida quando a testemunha, mesmo intimada, deixar de comparecer à audiência. Nesse caso, o juiz poderá determinar sua imediata condução coercitiva.

Sobre a prova técnica, dispõe o art. 852-H, parágrafo 4º, da CLT: "Somente quando a prova do fato o exigir, ou for legalmente imposta, será deferida prova técnica, incumbindo ao juiz, desde logo, fixar o prazo, o objeto da perícia e nomear perito". Sendo deferida a prova técnica, conforme art. 852-H, parágrafo 6º, da CLT, "As partes serão intimadas a manifestar-se sobre o laudo, no prazo comum de cinco dias".

Havendo a necessidade de interromper a audiência, o seu prosseguimento e a solução do processo vão se dar no prazo máximo de 30 dias, salvo motivo relevante justificado nos autos pelo juiz da causa, conforme dispõe o art. 852-H, parágrafo 7º, da CLT.

Conforme o art. art. 852-I da CLT, "A sentença mencionará os elementos de convicção do juízo, com resumo dos fatos relevantes ocorridos em audiência, dispensado o relatório", devendo as partes serem intimadas dessa decisão na própria audiência em que for prolatada.

O procedimento sumaríssimo consiste em uma maneira de obter menos formalismo e mais celeridade no andamento processual, principalmente em razão da pouca complexidade da matéria e do valor envolvido. Comparado ao rito ordinário, esse procedimento é mais concentrado e simplificado. Sua regulamentação encontra-se no art. 2º, parágrafos 2º e 4º, da Lei n. 5.584/1970.

O procedimento sumário será aplicado nas causas cujo valor não exceda a dois salários-mínimos vigentes à data do ajuizamento da ação. Regra geral, não caberá recurso das decisões, salvo se houver violação de preceito constitucional.

2.5 Processo de conhecimento

O processo trabalhista contencioso tem início com a distribuição da petição inicial, atualmente por meio do sistema PJe. Ela pode ser elaborada pelo próprio trabalhador, materializando o *jus postulandi,* ou por um advogado com poderes para representá-lo, sendo consolidado por uma procuração.

Para que a tutela jurisdicional seja prestada, o juízo competente precisará ser provocado pelo interessado, por meio de um pedido inicial, materializado em uma reclamatória trabalhista.

Schiavi (2017, p. 540) comenta que "a petição inicial é a peça formal de ingresso do demandante em juízo, em que apresenta o seu pedido, declina a pessoa que resiste ao seu direito, explica os motivos pelos quais pretende a atuação jurisdicional e pede ao Estado-Juiz a tutela do seu direito".

O prazo de prescrição das verbas trabalhistas é de cinco anos, observados dois anos para a propositura da ação, após a extinção do contrato de trabalho, com base no art. 7º, inciso XXIX, da CF e art. 11, inciso I, da CLT. O TST, por intermédio da Súmula 308 (Brasil, 2020f), inciso I, esclareceu que "a prescrição da ação trabalhista concerne às pretensões imediatamente anteriores a cinco anos, contados da data do ajuizamento da reclamação e, não, [sic] às anteriores ao quinquênio da data da extinção do contrato".

Somado a isso, dispõe a CLT:

> Art. 11. A pretensão quanto a créditos resultantes das relações de trabalho prescreve em cinco anos para os trabalhadores urbanos e rurais, até o limite de dois anos após a extinção do contrato de trabalho.
>
> § 1º O disposto neste artigo não se aplica às ações que tenham por objeto anotações para fins de prova junto à Previdência Social.
>
> § 2º Tratando-se de pretensão que envolva pedido de prestações sucessivas decorrente de alteração ou descumprimento do pactuado, a prescrição é total, exceto quando o direito à parcela esteja também assegurado por preceito de lei.
>
> § 3º A interrupção da prescrição somente ocorrerá pelo ajuizamento de reclamação trabalhista, mesmo que em juízo incompetente, ainda que venha a ser extinta sem resolução do mérito, produzindo efeitos apenas em relação aos pedidos idênticos.
>
> Art. 11-A. Ocorre a prescrição intercorrente no processo do trabalho no prazo de dois anos.
>
> § 1º A fluência do prazo prescricional intercorrente inicia-se quando o exequente deixa de cumprir determinação judicial no curso da execução.
>
> § 2º A declaração da prescrição intercorrente pode ser requerida ou declarada de ofício em qualquer grau de jurisdição.

O art. 840 da CLT proclama que "A reclamação poderá ser escrita ou verbal". Se escrita, faz-se necessária observância do art. 840, parágrafo 1º, da CLT: "Sendo escrita, a reclamação deverá conter a designação do juízo, a qualificação das partes, a breve exposição dos fatos de que resulte o dissídio, o pedido, que deverá ser certo, determinado e com indicação de seu valor, a data e a assinatura do reclamante ou de seu representante".

Conforme dispõe o art. 840, parágrafo 3º, da CLT, serão julgados extintos sem resolução do mérito os pedidos que não observarem o disposto no parágrafo 1º do mesmo artigo.

A reclamatória trabalhista verbal tem suas peculiaridades indicadas no art. 840, parágrafo 2º, da CLT: "Se verbal, a reclamação será reduzida a termo, em duas vias datadas e assinadas pelo escrivão ou secretário, observado, no que couber, o disposto no § 1º deste artigo".

Dispõe ainda o art. 786, e parágrafo único, da CLT que "a reclamação verbal será distribuída antes de sua redução a termo"[6], que deverá acontecer no prazo de cinco dias, a contar da data da reclamação verbal, com a apresentação do reclamante ao cartório ou à secretaria, exceto se houver motivo de força maior, sob pena de perda pelo prazo de seis meses do direito de reclamar perante a justiça do trabalho, desde que a nova ação envolva as mesmas partes e o mesmo pedido (art. 731 da CLT).
Indica o art. 839 da CLT que:

> Art. 839. A reclamação poderá ser apresentada:
> a) pelos empregados e empregadores, pessoalmente, ou por seus representantes, e pelos sindicatos de classe;
> b) por intermédio das Procuradorias Regionais da Justiça do Trabalho.

Nas localidades em que houver apenas uma vara do trabalho, a reclamatória será apresentada diretamente à secretaria ou cartório do Juízo. Por outro lado, havendo mais de 1 (uma) vara do trabalho ou juízo, a reclamação será sujeita à distribuição, observada a ordem rigorosa de sua apresentação.

Com o recebimento e protocolo da reclamatória, o escrivão ou o secretário, dentro de 48 horas, remeterá a segunda via da petição ou do termo ao reclamado, notificando-o, em paralelo, para comparecer à audiência do julgamento, que será a primeira data disponível na pauta da vara, depois de cinco dias, ou seja, entre o recebimento da notificação postal e a realização da audiência, é necessário um decurso mínimo de cinco dias para que o reclamado possa preparar sua defesa.

Essa notificação será realizada via postal e, se o reclamado criar embaraços ao seu recebimento ou não for encontrado, será feita a notificação por edital, inserido no jornal oficial ou naquele que publicar o expediente forense, ou, na falta, afixado na sede da vara do trabalho ou juízo.

---

6 Reduzir a termo significa dar forma escrita à reclamação verbal apresentada.

Sobre as pessoas jurídicas de direito público, Saraiva e Linhares (2018, p. 200), dispõem:

> Em relação às pessoas jurídicas de direito público, a notificação para comparecimento à audiência será postal, além de o Decreto-lei 779/1969 (art. 1º, II) assegurar aos entes públicos o quádruplo do prazo fixado no art. 841 consolidado (20 dias entre o recebimento da notificação pessoal e a realização da audiência).

O reclamante será notificado da data designada para a realização da audiência no ato da apresentação da reclamação ou por via postal.

Quando a petição inicial preenche os requisitos legais, o juiz designará audiência e determinará a notificação do reclamado para que apresente sua resposta.

Complementam Saraiva e Linhares (2018, p. 200): "Aberta a audiência e não havendo acordo, estabelece o art. 847 consolidado que o reclamado terá vinte minutos para aduzir sua defesa, após a leitura da reclamação, quando esta não for dispensada por ambas as partes".

Esclarece o art. 847, parágrafo único, da CLT, que "a parte poderá apresentar defesa escrita pelo sistema de processo judicial eletrônico até a audiência". Logo, a defesa poderá ser apresentada de forma verbal ou escrita, desde que observadas as peculiaridades de cada uma.

No processo do trabalho, são respostas do réu: 1) a contestação; 2) as exceções; 3) a reconvenção.

A contestação é a resposta do reclamado acerca da pretensão deduzida pelo autor na petição inicial.

Para Saraiva e Linhares (2018, p. 201): "A contestação, sem dúvida, é a espécie principal de defesa do réu, especialmente pelo fato de ser a única dentre as modalidades de resposta que tem o condão de evitar a figura da revelia processual (ausência de contestação)".

Diferentemente da petição inicial, não há, na lei trabalhista, requisitos específicos aplicáveis à contestação, sendo conferida ao reclamado liberdade na elaboração dessa peça. De todo modo, de acordo com o art. 336 do CPC, compete ao réu alegar, na contestação, toda a matéria de defesa, expondo as razões de fato e de direito com que impugna o pedido do autor.

Na contestação, o reclamado deve rebater, um a um, os fatos e os argumentos apresentados na petição inicial, inclusive juntando documentos, indicando testemunhas e requerendo perícias. É importante reforçar que os fatos alegados na petição inicial que não forem expressamente impugnados pelo reclamado serão tidos como verdadeiros.

Se o reclamado deixar de apresentar a contestação, será considerado revel e serão presumidas verdadeiras as alegações de fato formuladas pelo reclamante. Perceba que, se o advogado estiver presente na audiência, a contestação e os documentos apresentados serão aceitos, ainda que o reclamado esteja ausente. Além disso, a revelia não produz o efeito nos seguintes casos, conforme o art. 844, parágrafo 4º, da CLT:

> Art. 844. [...]
> I – havendo pluralidade de reclamados, algum deles contestar a ação;
> II – o litígio versar sobre direitos indisponíveis;
> III – a petição inicial não estiver acompanhada de instrumento que a lei considere indispensável à prova do ato;
> IV – as alegações de fato formuladas pelo reclamante forem inverossímeis ou estiverem em contradição com prova constante dos autos.

Após o oferecimento da contestação, seja de forma física, seja de forma eletrônica, o reclamante não poderá desistir da ação sem o consentimento do reclamado.

Qualquer das partes poderá, em sua defesa, arguir a incompetência, o impedimento e a suspeição do magistrado. Nesses casos, o processo permanecerá suspenso até a decisão dessas acusações.

Segundo Saraiva e Linhares (2018, p. 212):

> As exceções processuais constituem-se em espécie de defesa do reclamado que objetivam resolver determinada questão pendente, sem operar a extinção do processo com ou sem o julgamento do mérito. Com efeito, as exceções processuais pretendem atacar a imparcialidade do magistrado ou a competência do juízo a ele vinculado para processar e julgar a demanda.

A incompetência relativa está ligada às regras em razão do território. Deve ser arguida por meio de exceção, em momento oportuno, sob pena de o juiz que era incompetente passar a ser considerado competente. "Não pode ser declarada de ofício", exigindo-se a provocação da parte (Súmula 33, do STJ – Brasil, 2020e).

A exceção de incompetência territorial, prevista no art. 800 da CLT, deve ser apresentada "no prazo de cinco dias a contar da notificação, antes da audiência e em peça que sinalize a existência desta exceção". O processo ficará suspenso, inclusive sem realização de audiência, até que a exceção seja julgada.

Prosseguindo, e tratando do impedimento ou suspeição do magistrado, para que as decisões sejam justas, válidas e regulares, é imprescindível que o julgador não queira favorecer uma das partes.

O juiz, de acordo com o art. 801 da CLT:

> Art. 801. O juiz, presidente ou vogal, é obrigado a dar-se por suspeito, e pode ser recusado, por algum dos seguintes motivos, em relação à pessoa dos litigantes:
> a) inimizade pessoal;
> b) amizade íntima;
> c) parentesco por consanguinidade ou afinidade até o terceiro grau civil;
> d) interesse particular na causa.

Somado a isso, o art. 145 do CPC elenca outras possibilidades de suspeição do juiz:

> Art. 145. Há suspeição do juiz:
> I – amigo íntimo ou inimigo de qualquer das partes ou de seus advogados;
> II – que receber presentes de pessoas que tiverem interesse na causa antes ou depois de iniciado o processo, que aconselhar alguma das partes acerca do objeto da causa ou que subministrar meios para atender às despesas do litígio;
> III – quando qualquer das partes for sua credora ou devedora, de seu cônjuge ou companheiro ou de parentes destes, em linha reta até o terceiro grau, inclusive;
> IV – interessado no julgamento do processo em favor de qualquer das partes.

A declaração de suspeição também poderá ser feita pelo juiz, por motivo de foro íntimo, ficando dispensado de declarar suas razões. Será ilegítima a alegação de suspeição, conforme art. 145, parágrafo 2º, incisos I e II, do CPC, quando: "I – houver sido provocada por quem a alega; II – a parte que a alega houver praticado ato que signifique manifesta aceitação do arguido".

O juiz ficará impedido de exercer suas funções no processo, nos seguintes casos, previstos no art. 144 do CPC:

> Art. 144. [...]
> I – em que interveio como mandatário da parte, oficiou como perito, funcionou como membro do Ministério Público ou prestou depoimento como testemunha;
> II – de que conheceu em outro grau de jurisdição, tendo proferido decisão;
> III – quando nele estiver postulando, como defensor público, advogado ou membro do Ministério Público, seu cônjuge ou companheiro, ou qualquer parente, consanguíneo ou afim, em linha reta ou colateral, até o terceiro grau, inclusive;
> IV – quando for parte no processo ele próprio, seu cônjuge ou companheiro, ou parente, consanguíneo ou afim, em linha reta ou colateral, até o terceiro grau, inclusive;
> V – quando for sócio ou membro de direção ou de administração de pessoa jurídica parte no processo;
> VI – quando for herdeiro presuntivo, donatário ou empregador de qualquer das partes;
> VII – em que figure como parte instituição de ensino com a qual tenha relação de emprego ou decorrente de contrato de prestação de serviços;
> VIII – em que figure como parte cliente do escritório de advocacia de seu cônjuge, companheiro ou parente, consanguíneo ou afim, em linha reta ou colateral, até o terceiro grau, inclusive, mesmo que patrocinado por advogado de outro escritório;
> IX – quando promover ação contra a parte ou seu advogado.

Nos casos previstos no inciso III, conforme art. 144 do CPC (inciso IX):

> Art. 144. [...]
> § 1º Na hipótese do inciso III, o impedimento só se verifica quando o defensor público, o advogado ou o membro do Ministério Público já integrava o processo antes do início da atividade judicante do juiz.

[...]
§ 3º O impedimento previsto no inciso III também se verifica no caso de mandato conferido a membro de escritório de advocacia que tenha em seus quadros advogado que individualmente ostente a condição nele prevista, mesmo que não intervenha diretamente no processo.

De acordo com o art. 343 do CPC, "Na contestação, é lícito ao réu propor reconvenção para manifestar pretensão própria, conexa com a ação principal ou com o fundamento da defesa". Em outras palavras, a reconvenção consiste em mais um tipo de resposta do réu, no entanto, diferentemente da contestação e da exceção, que são peças de defesa do reclamado, aqui se trata de um contra-ataque ao reclamante, dentro do mesmo processo.

Proposta a reconvenção, o autor será intimado, na pessoa de seu advogado, para, no prazo de 15 dias, apresentar resposta.

Uma vez proposta a reconvenção, ela será mantida, ainda que a ação principal seja extinta ou se houver desistência da ação por parte do reclamante.

A reconvenção poderá ser proposta independentemente de oferecimento de contestação. Segundo Saraiva e Linhares (2018, p. 220): "A reconvenção não é obrigatória, mas sim facultativa, significando dizer que a sua não apresentação não retira do réu a possibilidade de ver reconhecido o seu direito em ação autônoma".

Os fatos narrados nas peças pelas partes, por si só, são insuficientes para o juiz conhecer o direito, sendo necessária a demonstração da veracidade dos fatos no processo. Podem ser empregados todos os meios legais e moralmente legítimos para provar a verdade dos fatos em que se funda o pedido ou a defesa e influir eficazmente na convicção do juiz.

O juiz poderá indeferir as diligências inúteis ou meramente protelatórias, desde que a decisão seja fundamentada, como também poderá admitir a utilização de prova produzida em outro processo, atribuindo-lhe o valor que considerar adequado, observado o contraditório, conforme disciplina o art. 372 do CPC.

As provas anexadas aos autos serão apreciadas pelo juiz, que indicará na decisão as razões da formação de seu convencimento. Regra geral, todos os fatos devem ser comprovados, contudo, existem algumas exceções previstas no art. 374 do CPC:

> Art. 374. Não dependem de prova os fatos:
> I – notórios;
> II – afirmados por uma parte e confessados pela parte contrária;
> III – admitidos no processo como incontroversos;
> IV – em cujo favor milita presunção legal de existência ou de veracidade.

Ambas as partes podem ter o ônus, ou seja, a obrigação de apresentar e/ou produzir a prova. Ao autor, incumbe o ônus da prova dos fatos constitutivos de seu direito. Ao réu, cabe o ônus da prova dos fatos modificativos, impeditivos ou extintivos do direito do autor.

O depoimento pessoal consiste em um meio de prova que busca, na oitiva das partes, a obtenção da confissão. Há a confissão quando a parte admite a verdade de um fato, contrário ao seu interesse e favorável à parte contrária.

O juiz e as partes poderão requerer o depoimento pessoal da outra parte, a fim de que esta seja interrogada na audiência de instrução e julgamento. A parte que ainda não depôs não poderá assistir ao depoimento daquela que já o fez.

Dispõe o art. 387 do CPC que:

> Art. 387. A parte responderá pessoalmente sobre os fatos articulados, não podendo servir-se de escritos anteriormente preparados, permitindo-lhe o juiz, todavia, a consulta a notas breves, desde que objetivem completar esclarecimentos.

O depoimento pessoal da parte que residir em comarca, seção ou subseção judiciária diversa daquela onde tramita o processo poderá ser colhido por meio de videoconferência ou outro recurso tecnológico de transmissão de sons e imagens em tempo real, o que poderá ocorrer, inclusive, durante a realização da audiência de instrução e julgamento, em obediência ao disposto no art. 385, parágrafo 3º, do CPC.

O juiz poderá aplicar uma penalidade à parte que, pessoalmente intimada para prestar depoimento pessoal e advertida da pena de confesso, não comparecer ou, comparecendo, se recusar a depor, conforme aponta o art. 385, parágrafo 1º, do CPC.

Sobre a recusa de depor, dispõe o art. 386 do CPC: "Art. 386. Quando a parte, sem motivo justificado, deixar de responder ao que lhe for perguntado ou empregar evasivas, o juiz, apreciando as demais circunstâncias e os elementos de prova, declarará, na sentença, se houve recusa de depor".

De acordo com Saraiva e Linhares (2018, p. 231): "O requerimento de uma das partes para oitiva da parte contrária poderá ser indeferido (de forma fundamentada) pelo juiz, sem que isso, necessariamente, configure cerceio de defesa, o que ocorre quando a sentença pauta-se [sic] em outras provas constantes dos autos".

A testemunha consiste na pessoa chamada a juízo para falar sobre fatos constantes na petição inicial e na defesa, prestando esclarecimento sobre os fatos que presenciou ou ouviu a respeito.

Na esfera trabalhista, muitas vezes, o depoimento testemunhal é o único meio de prova das partes.

Cada parte poderá indicar o seguinte número de testemunhas:

1. se for procedimento ordinário, três testemunhas (art. 821 da CLT);
2. se for inquérito para apuração de falta grave, seis testemunhas (art. 821 da CLT)
3. se for procedimento sumaríssimo, duas testemunhas (art. 852--H, § 2º, da CLT).

Apesar dos números delimitados, poderá o juiz, desde que entenda ser o depoimento essencial para o esclarecimento dos fatos e seu convencimento, determinar a intimação de outras testemunhas.

Regra geral, o depoimento testemunhal não é uma faculdade da pessoa, mas, sim, um dever público, uma obrigação de colaborar com o Poder Judiciário, informando ao juiz os fatos e as circunstâncias de que a testemunha tenha conhecimento, para o descobrimento da verdade.

Excepcionalmente, não são obrigadas a prestar depoimento testemunhal os incapazes, os impedidos e os suspeitos, estabelecidos no art. 447 do CPC:

> § 1º São incapazes:
> I – o interdito por enfermidade ou deficiência mental;
> II – o que, acometido por enfermidade ou retardamento mental, ao tempo em que ocorreram os fatos, não podia discerni-los, ou, ao tempo em que deve depor, não está habilitado a transmitir as percepções;
> III – o que tiver menos de 16 (dezesseis) anos;
> IV – o cego e o surdo, quando a ciência do fato depender dos sentidos que lhes faltam.
> § 2º São impedidos:
> I – o cônjuge, o companheiro, o ascendente e o descendente em qualquer grau e o colateral, até o terceiro grau, de alguma das partes, por consanguinidade ou afinidade, salvo se o exigir o interesse público ou, tratando-se de causa relativa ao estado da pessoa, não se puder obter de outro modo a prova que o juiz repute necessária ao julgamento do mérito;
> II – o que é parte na causa;
> III – o que intervém em nome de uma parte, como o tutor, o representante legal da pessoa jurídica, o juiz, o advogado e outros que assistam ou tenham assistido as partes.
> § 3º São suspeitos:
> I – o inimigo da parte ou o seu amigo íntimo;
> II – o que tiver interesse no litígio.

De todo modo, se entender necessário, o juiz poderá admitir o depoimento das pessoas impedidas ou suspeitas e até menores, entretanto, elas não prestarão compromisso e seus depoimentos valerão como simples informação.

Ressaltamos ainda que, de acordo com o art. 448 do CPC:

> Art. 448. A testemunha não é obrigada a depor sobre fatos:
> I – que lhe acarretem grave dano, bem como ao seu cônjuge ou companheiro e aos seus parentes consanguíneos ou afins, em linha reta ou colateral, até o terceiro grau;
> II – a cujo respeito, por estado ou profissão, deva guardar sigilo.

Na justiça do trabalho, as testemunhas comparecerão à audiência independentemente de terem sido notificadas ou intimadas. As que não comparecerem serão intimadas, de ofício ou a requerimento da parte, ficando sujeitas à condução coercitiva, além das penalidades pecuniárias, caso deixem de atender à intimação sem motivo justificado.

Acerca do procedimento na oitiva das testemunhas, regra geral, o juiz as inquire separada e sucessivamente, primeiro, as da reclamante e, depois, as do reclamado, providenciando para que uma não ouça o depoimento das outras. Todavia, uma corrente doutrinária entende que cabe ao juiz determinar a ordem da oitiva das testemunhas, observando a quem pertence o ônus da prova.

Antes de prestar o compromisso legal, também deve ser observado a norma prevista no art. 828 da CLT, que estabelece que:

> Art. 828. Toda testemunha, antes de prestar o compromisso legal, será qualificada, indicando o nome, nacionalidade, profissão, idade, residência, e, quando empregada, o tempo de serviço prestado ao empregador, ficando sujeita, em caso de falsidade, às leis penais.

Após a qualificação, ainda antes de depor, a testemunha informará se tem relações de parentesco com a parte ou interesse no objeto do processo. Nesse momento, disciplina o art. 457, parágrafos 1º e 2º, do CPC:

> Art. 457. [...]
> § 1º É lícito à parte contradita[7] a testemunha, arguindo-lhe a incapacidade, o impedimento ou a suspeição, bem como, caso a testemunha negue os fatos que lhe são imputados, provar a contradita com documentos ou com testemunhas, até 3 (três), apresentadas no ato e inquiridas em separado.
> § 2º Sendo provados ou confessados os fatos a que se refere o § 1º, o juiz dispensará a testemunha ou lhe tomará o depoimento como informante.

---

7 "Contradita, portanto, é a denúncia pela parte interessada dos motivos que impedem ou tornam suspeito o depoimento da testemunha. O momento processual oportuno de a parte oferecer a contradita da testemunha ocorre antes de o depoente ser compromissado, logo após a qualificação da testemunha" (Saraiva; Linhares, 2018, p. 236).

Não havendo ou sendo indeferida a contradita, ao início da inquirição, a testemunha prestará o compromisso de dizer a verdade do que souber e lhe for perguntado, e será advertida pelo juiz que incorre em sanção penal quem faz afirmação falsa, cala ou oculta a verdade, inclusive podendo responder pelo crime de falso testemunho, previsto no art. 342 do Código Penal (CP), Decreto-Lei n. 2.848, de 7 de dezembro de 1940 (Brasil, 1940).

As partes e as testemunhas serão inquiridas pelo juiz, entretanto podem ser reinquiridas, a requerimento das partes, seus representantes ou advogados. Contudo, na justiça do trabalho, os advogados não podem inquirir as testemunhas diretamente, devendo o juiz intermediar as perguntas feitas.

Se as respostas das testemunhas sobre o mesmo assunto forem contraditórias, poderá o juiz proceder a acareação, que consiste em colocar uma testemunha na frente da outra, de modo a tentar extrair delas a verdade dos fatos, ante as divergências dos depoimentos.

As partes e as testemunhas que não souberem falar o idioma nacional terão o depoimento feito por meio de intérprete nomeado pelo juiz ou presidente. Da mesma maneira, será tomado o depoimento de surdo-mudo, ou de mudo que não saiba escrever. As despesas decorrentes desse depoimento correrão por conta da parte sucumbente, salvo se beneficiária de justiça gratuita.

Destacamos que as testemunhas não poderão sofrer qualquer desconto pelas faltas ao serviço, ocasionadas pelo seu comparecimento para depor, quando devidamente arroladas ou convocadas. Nesse caso, basta que apresentem ao empregador a ata da audiência ou declaração de comparecimento, que poderá ser solicitada junto à secretaria da respectiva vara do trabalho.

É importante frisar a previsão do art. 823 da CLT: "Se a testemunha for funcionário civil ou militar, e tiver de depor em hora de serviço, será requisitada ao chefe da repartição para comparecer à audiência marcada".

Existem algumas autoridades que serão inquiridas em sua residência ou onde exercem sua função, conforme elenca o art. 454 do CPC.

Conforme Saraiva e Linhares (2018, p. 239), o "documento é o meio idôneo utilizado como prova material da existência de um fato, abrangendo não só os escritos, mas também os gráficos, as fotografias, os desenhos, reproduções cinematográficas etc.". Esses documentos não precisam, necessariamente, ser autenticados pelo tabelião, já que o art. 830 da CLT garante que a autenticação poderá ser declarada pelo próprio advogado:

> Art. 830. O documento em cópia oferecido para prova poderá ser declarado autêntico pelo próprio advogado, sob sua responsabilidade pessoal.
> Parágrafo único. Impugnada a autenticidade da cópia, a parte que a produziu será intimada para apresentar cópias devidamente autenticadas ou o original, cabendo ao serventuário competente proceder à conferência e certificar a conformidade entre esses documentos.

Quando no processo trabalhista se discutem determinados fatos, é imprescindível o exame pericial, capaz de fornecer ao juiz os esclarecimentos necessários que extrapolam o seu conhecimento. A perícia consiste na atividade do perito designado pelo juiz, que resulta no laudo pericial. Os laudos podem apresentar, por exemplo, fraude ou falsidade documental, pagamentos efetuados de maneira incorreta, insalubridade e/ou periculosidade no meio ambiente de trabalho, doenças laborais, acidente de trabalho etc.

Dispõe o art. 156 do CPC:

> Art. 156. O juiz será assistido por perito quando a prova do fato depender de conhecimento técnico ou científico.
> § 1º Os peritos serão nomeados entre os profissionais legalmente habilitados e os órgãos técnicos ou científicos devidamente inscritos em cadastro mantido pelo tribunal ao qual o juiz está vinculado.

As avaliações periciais serão realizadas por perito único, designado pelo juiz, que fixará o prazo para entrega do laudo. Somado a isso, cada parte poderá indicar um assistente técnico, que deverá apresentar o próprio laudo no mesmo prazo estipulado para o perito, sob pena de ser desentranhado dos autos.

Acerca do procedimento sumaríssimo, conforme art. 852-H, parágrafo 4º, da CLT: "Somente quando a prova do fato o exigir ou for legalmente imposta, será deferida prova técnica, incumbindo ao juiz, desde logo, fixar o prazo, o objeto da perícia e nomear o perito", que poderão ser impugnados pelas partes, no prazo comum de cinco dias (art. 852-H, §§ 4º e 6º, da CLT).

Algumas provas devem ser produzidas em audiência judicial, que consiste no encontro do juiz com as partes, os advogados, as testemunhas e os peritos, permitindo, principalmente, a produção de provas orais, quando existirem questões que necessitam de esclarecimentos para o melhor convencimento do juiz, mas também para possibilitar às partes a solução consensual do conflito. Apesar de ser viabilizada a possibilidade de acordo em audiência, as partes podem compor a lide a qualquer momento, mesmo fora da audiência.

As audiências são públicas, realizadas no fórum trabalhista ou no tribunal, podendo ser realizadas em outro local, somente em casos especiais, mediante edital afixado na sede do juízo ou tribunal, com a antecedência mínima de 24 horas. Somente poderão ser realizadas em dias úteis previamente fixados, no período compreendido das 8 h às 18 h. O tempo de realização das audiências não poderá ultrapassar 5 horas seguidas, salvo quando houver matéria urgente (art. 813, e parágrafos, da CLT).

A audiência será una e contínua, ou seja, realizada em uma única oportunidade. Entretanto, se, por motivo de força maior, não for possível concluí-la no mesmo dia, o juiz ou presidente marcará a continuação para a primeira data disponível na pauta na vara, independentemente de nova notificação.

Não obstante, na prática, mesmo no procedimento ordinário, apesar de alguns juízes realizarem a audiência em sessão única, concentrando todos os atos processuais em um só momento, a maioria dos juízes costumam dividi-la em audiência de conciliação (inicial), de instrução e de julgamento.

Aqui, apresentaremos as peculiaridades observando o fracionamento das audiências. No entanto, quando a audiência for una, basta que sejam observadas todas as peculiaridades da audiência de conciliação, instrução e julgamento.

As partes, reclamante e reclamado, deverão estar presentes na audiência, independentemente do comparecimento de seus representantes, exceto nos casos de reclamatórias plúrimas (ação trabalhista com vários autores) ou ações de cumprimento, em que o reclamante não precisa estar presente, podendo fazer-se representar pelo sindicato de sua categoria.

Observe que o empregado que se encontrar impossibilitado de comparecer, por doença ou qualquer outro motivo poderoso, devidamente comprovado, poderá fazer-se representar por outro empregado que pertença à mesma profissão ou pelo seu sindicato. Entretanto, nesse caso, o representante presente não poderá confessar, transigir, renunciar ao direito que se funda a ação, recorrer etc., limitando-se a justificar a ausência do reclamante, de modo a evitar o arquivamento da ação reclamatória.

Sobre o comparecimento do advogado, reitera-se que, na justiça do trabalho, é dispensada a presença dele, uma vez que pode ser aplicado o chamado *jus postulandi*.

Quanto ao empregador, é facultado a ele se fazer substituir pelo gerente ou qualquer outro preposto, mesmo que não se trate de empregado da parte reclamada, desde que tenha conhecimento do fato, e cujas declarações obrigarão o proponente ao seu cumprimento. Não é permitido ao advogado funcionar no mesmo processo, simultaneamente, como patrono e preposto de empregador ou cliente (art. 843, § 1º, da CLT).

É importante notar que o preposto do reclamado não precisa ter presenciado os fatos, mas, tão somente, que tenha conhecimento deles. O seu silêncio ou a incerteza sobre os questionamentos enseja a confissão da reclamada.

A reclamação será arquivada quando o reclamante não comparecer na audiência. Nessa hipótese, salvo se o reclamante comprovar, no prazo de 15 dias, que a ausência ocorreu por motivo legalmente justificável, haverá condenação ao pagamento de custas (2% do valor da causa), que é condição para propositura de nova demanda, ainda que beneficiário de justiça gratuita.

O reclamante que der causa a dois arquivamentos seguidos, em decorrência de não comparecimento à audiência, ficará, pelo prazo de seis meses, impossibilitado de propor nova reclamação trabalhista contra o mesmo empregador, envolvendo o mesmo objeto.

Acerca da ausência do reclamante na audiência de instrução (prosseguimento), o TST pacificou o seguinte entendimento:

> SUM-9 AUSÊNCIA DO RECLAMANTE
> A ausência do reclamante, quando adiada a instrução após contestada a ação em audiência, não importa arquivamento do processo.
> [...]
> SUM-74 CONFISSÃO
> I – Aplica-se a confissão à parte que, expressamente intimada com aquela cominação, não comparecer à audiência em prosseguimento, na qual deveria depor. (Brasil, 2020c)

Por outro lado, o não comparecimento do reclamado importa revelia, além de confissão quanto à matéria de fato. No entanto, ainda que ausente o reclamado, se presente o advogado na audiência, serão aceitos a contestação e os documentos eventualmente apresentados.

A revelia não produz esse efeito: 1) se houver pluralidade de reclamados, e algum deles contestar a ação; 2) se o litígio versar sobre direitos indisponíveis; 3) a petição inicial não estiver acompanhada de instrumento que a lei considere indispensável à prova do ato; 4) se as alegações de fato formuladas pelo reclamante forem inverossímeis ou estiverem em contradição com prova constante dos autos.

No caso de ausência do reclamado na audiência de instrução (prosseguimento), também se aplica a pena de confissão, quando o reclamado for expressamente intimado para depor (Súmula 74 do TST – Brasil, 2020f).

Em ambos os casos de ausência, ocorrendo motivo relevante, poderá o juiz suspender o julgamento e designar nova audiência.

De forma resumida, o quadro a seguir indica as consequências que decorrem do não comparecimento das partes às audiências:

Quadro 2.2 – Consequências do não comparecimento das partes às audiências

Ausência da parte	Audiência de conciliação	Audiência de instrução
Reclamante	Processo arquivado (art. 844 da CLT)	Confissão, se na audiência anterior ficou designado que a parte prestaria depoimento pessoal. (Súmulas 9 e 74 do TST – Brasil, 2020f)
Reclamada	Revelia e confissão quanto à matéria fática (art. 844 da CLT)	
Ambas: reclamante e reclamada	Processo arquivado	Prosseguimento do feito. O juiz julgará conforme as provas produzidas nos autos.

Aberta a audiência, e presentes as partes, o juiz busca a conciliação entre as partes. Devemos observar que a conciliação pode ser constituída em qualquer fase do processo.

Havendo composição, ou seja, acordo entre as partes, restará consignado em ata, devidamente assinada pelas partes e pelo juiz, com todas as condições do acordo, como valor, forma de pagamento, prazo para a quitação e natureza das verbas. Além dessas condições, também poderá restar estabelecido que a parte que deixar de cumprir o acordo se obriga a satisfazer integralmente o pedido ou pagar uma indenização convencionada, sem prejuízo do cumprimento do acordo. Nesse caso, o termo que for lavrado valerá como decisão irrecorrível, salvo em relação às contribuições que forem devidas à Previdência Social.

Se não houver acordo entre as partes, o reclamado deverá aduzir sua defesa, no prazo de 20 minutos, após a leitura da reclamação, quando esta não for dispensada por ambas as partes. É permitida a apresentação de defesa escrita pelo sistema PJe.

Se necessário, o juiz poderá, nessa oportunidade, designar o perito para elaboração do laudo pericial e determinar a expedição de carta precatória para ouvir testemunhas em localidades não abrangidas pela jurisdição da vara do trabalho.

Lembre-se que, no rito sumaríssimo, em regra, a audiência é una (única), compreendendo também a coleta das provas (documental, depoimentos das partes e testemunhal), as razões finais das partes e a nova proposta de conciliação pelo juízo, com a conclusão do processo para elaboração da sentença. Assim, frisamos que, quando a audiência for fracionada, as testemunhas não precisam estar presentes na conciliação.

Além disso, reiteramos que a maioria dos juízes costuma fracionar, ou seja, dividir, a audiência em três partes. Assim, encerrada a audiência de conciliação, o juiz designará uma data para a realização da audiência de instrução.

Por fim, o não comparecimento das partes na audiência una produzirá alguns efeitos: 1) o não comparecimento do reclamante acarreta o arquivamento da ação; 2) o não comparecimento do reclamado implica sua revelia, além de confissão quanto à matéria de fato, quando serão tomadas como verdadeiras as alegações feitas pelo autor (art. 844 da CLT).

Após a apresentação da defesa, seguir-se-á a instrução do processo, podendo o juiz de ofício, ou a requerimento das partes, interrogar as partes ora litigantes. A audiência de instrução consiste na oportunidade que as partem têm de produzir suas provas orais, com o depoimento das partes, das testemunhas e dos peritos, se for o caso. Conforme Saraiva e Linhares (2018, p. 251): "A finalidade da prova é formar a convicção do juiz a respeito dos fatos da causa, sendo o magistrado o destinatário da prova".

O primeiro a ser ouvido é o reclamante, e, na sequência, o reclamado. Além do juiz, o advogado do reclamado poderá perguntar ao reclamante. Já ao reclamado, podem perguntar o juiz e o advogado da reclamante. Ao final do interrogatório, as partes poderão retirar-se, prosseguindo a instrução com o seu representante. Serão, a seguir, ouvidas as testemunhas, os peritos e os técnicos, se houver, na ordem estabelecida pelo juiz.

Como já vimos, a audiência será contínua, todavia, se não for possível, por motivo de força maior, concluí-la no mesmo dia, poderá ser bipartida, quando o juiz marcará a continuação para a primeira data disponível na pauta, independentemente de nova notificação.

Finda a instrução, poderão as partes aduzir razões finais, em prazo não excedente a 10 minutos para cada uma.

Para Saraiva e Linhares (2018, p. 252):

> As razões finais consistem numa faculdade que têm as partes de se manifestarem oralmente nos autos antes da prolação da sentença, assumindo papel importante tanto na arguição de nulidades como também para fortalecimento do convencimento do magistrado. Entretanto, muitos juízes têm permitido que o reclamante e o reclamado apresentem razões finais por escrito, em forma de memoriais. Frise-se que no procedimento sumaríssimo as partes não apresentam razões finais.

Em seguida, o juiz renovará a proposta de conciliação. Não se realizando a conciliação e não havendo mais provas a serem produzidas, a instrução é encerrada e o processo é encaminhado ao juiz para que a decisão seja proferida.

Na prática, regra geral, a sentença não é proferida em audiência, mas as partes são intimadas em audiência da data em que a sentença será publicada, exceto nos casos de revelia, quando a intimação será postal, ou por edital, caso o intimado não seja encontrado ou se recuse a recebê-la.

Todos os atos da audiência de instrução serão consignados em ata, que deverá ser assinada por magistrado, partes, testemunhas, técnicos e peritos, se for o caso.

Após a produção de todas as provas, o juiz irá proferir a sentença, a qual consiste no pronunciamento do juiz sobre determinada demanda; é onde o juiz diz o que o reclamante e reclamado ganhou e/ou perdeu, ou seja, é o comunicado por meio do qual o juiz põe fim à fase cognitiva do procedimento comum, bem como extingue a execução.

Como vimos anteriormente, a sentença deveria ser pronunciada em audiência, no entanto, na prática, as partes são intimadas em audiência da data em que a sentença será proferida.

Na sentença deve constar: o nome das partes; o resumo do pedido e da defesa; a apreciação das provas; os fundamentos da decisão e a respectiva conclusão.

O processo poderá ser julgado com ou sem resolução do mérito. O julgamento será **com resolução do mérito** quando os pedidos elaborados pelas partes forem acolhidos ou rejeitados, de forma parcial ou total. Nessa situação, não poderá o reclamante propor nova ação judicial com os mesmos pedidos contra o mesmo reclamado. De outro lado, o processo poderá ser julgado **sem resolução do mérito** quando uma tese preliminar for acolhida. Nessa hipótese, após resolver o problema que causou a extinção do processo, poderá o reclamante propor nova ação com os mesmos pedidos contra o mesmo reclamado, caso não tenha sido atingido o prazo prescricional.

Quando uma decisão judicial é proferida, regra geral, as partes têm a possibilidade de requerer o seu reexame, objetivando a alteração do julgado, por meio da interposição de um recurso.

Apesar de o art. 5º, inciso LV, da CF, assegurar aos litigantes, em processo judicial ou administrativo, e aos acusados em geral, o contraditório e a ampla defesa, com os meios e recursos a ela inerentes, não é permitida a interposição simultânea de mais de um recurso contra a mesma decisão.

No julgamento do recurso, é vedado ao tribunal proferir decisão mais desfavorável ao recorrente do que aquela recorrida. Veja que a decisão do tribunal não pode agravar a condenação que não foi objeto de recurso. Reiteramos ainda que, das decisões prolatadas nos dissídios com rito sumário (que não ultrapassam dois salários-mínimos) não caberá recurso, exceto se versarem sobre matéria constitucional.

No processo do trabalho são cabíveis os seguintes recursos: embargos; recurso ordinário; recurso de revista; agravo (arts. 893 e 897-A da CLT). Em linhas gerais:

1. Cabe **recurso ordinário**, no prazo de oito dias úteis, da sentença proferida pelo juiz de primeiro grau, e será dirigido ao TRT (art. 895, e incisos, da CLT);
2. Cabe **recurso de revista**, no prazo de oito dias úteis, da decisão proferida pelo TRT, em recurso ordinário, e será dirigido ao TST (art. 896 da CLT);
3. Cabe **recurso de embargos ao TST**, no prazo de oito dias úteis, quando o recurso de revista for admitido e julgado pelo TST (art. 894 da CLT);
4. Cabe **recurso extraordinário**, das decisões proferidas em última instância pelo TST, no prazo de 15 quinze dias úteis, e será dirigido ao Supremo Tribunal Federal (STF) (art. 102, III, da CF/1988).
5. Cabe **agravo de instrumento**, no prazo de oito dias úteis, quando qualquer recurso não for recebido, e será direcionado ao tribunal responsável por tramitar o recurso que não foi recebido (art. 897, "b", da CLT).
6. Cabe **embargos de declaração**, nos casos de caso de omissão, contradição ou obscuridade na decisão proferida pelo juiz, TRT, TST ou STF, no prazo de cinco dias úteis, e será dirigido ao juiz ou ao relator que publicou a decisão recorrida (art. 897-A da CLT).

Os recursos serão interpostos por petição simples e têm, em regra, efeito meramente devolutivo, ou seja, não possuem efeito suspensivo, não tendo o condão de impedir o início da execução provisória, a qual se limita à penhora – nesta, podem ser praticados apenas atos de constrição dos bens, não podendo ocorrer atos de expropriação.

A parte recorrida pode apresentar uma resposta às razões apresentadas pela parte contrária – são as chamadas *contrarrazões*, que deverão ser apresentadas no mesmo prazo do recurso.

Para que o recurso seja analisado, é necessário o cumprimento de algumas exigências legais, chamadas de *pressupostos de admissibilidade*. Esses pressupostos serão analisados previamente pelo juízo que proferiu a decisão recorrida e, posteriormente, pelo relator no tribunal.

Os pressupostos são subdivididos em intrínsecos, ou subjetivos, e extrínsecos, ou objetivos. Os primeiros relacionam-se com as partes: a legitimidade, a capacidade e o interesse. Os segundos referem-se ao recurso: recorribilidade da decisão, adequação, tempestividade, depósito recursal, custas e regularidade de representação.

Vamos aprofundar a análise da tempestividade, do depósito e das custas.

A tempestividade consiste na interposição do recurso dentro do prazo legal. No processo do trabalho, os prazos são contados em dias úteis, com exclusão do dia do começo e inclusão do dia do vencimento.

Na fase de conhecimento, dos dissídios individuais e coletivos, as custas serão recolhidas pela parte vencida e "incidirão à base de 2%, observado o mínimo de R$ 10,64 (dez reais e sessenta e quatro centavos) e o máximo de quatro vezes o limite máximo dos benefícios do Regime Geral de Previdência Social" (art. 789 da CLT), que, em 2021, conforme indica a SEPRT, na Portaria n. 477, de 12 de janeiro de 2021 (Brasil, 2021e), corresponde a R$ 6.433,57 (seis mil, quatrocentos e trinta e três reais, cinquenta e sete centavos). As custas serão calculadas, no art. 789 da CLT:

> Art. 789. [...]
> I – quando houver acordo ou condenação, sobre o respectivo valor;
> II – quando houver extinção do processo, sem julgamento do mérito, ou julgado totalmente improcedente o pedido, sobre o valor da causa;
> III – no caso de procedência do pedido formulado em ação declaratória e em ação constitutiva, sobre o valor da causa;
> IV – quando o valor for indeterminado, sobre o que o juiz fixar.

São responsáveis pelo pagamento das custas: o vencido, após a decisão transitar em julgado; o recorrente, dentro do prazo recursal. O recolhimento é efetuado por meio Guia de Recolhimento da União (GRU).

Se for recolhido valor insuficiente das custas, o recorrente deverá ser intimado para promover a complementação no prazo de cinco dias e ocorrerá a deserção somente se não o fizer. Havendo acordo, o pagamento das custas caberá, em partes iguais, aos litigantes, salvo se dispuserem de maneira diversa.

Em consonância com o art. 790-A da CLT, são isentos do recolhimento de custas:

1. os beneficiários da justiça gratuita;
2. a União, os estados, os municípios, o Distrito Federal e as respectivas autarquias e fundações públicas que não explorem atividade econômica;
3. o Ministério Público do Trabalho; e
4. a massa falida (Súmula 86 do TST – Brasil, 2020f).

A isenção das custas não alcança as entidades fiscalizadoras do exercício profissional, nem exime as pessoas jurídicas de direito público (a União, os estados, os municípios, o Distrito Federal e as respectivas autarquias e fundações públicas) da obrigação de reembolsar as despesas judiciais realizadas pela parte vencedora.

Já na fase de execução, as custas processuais serão recolhidas pelo executado, ao final, em valor definido na tabela prevista no art. 789-A da CLT.

O depósito recursal tem natureza de garantia do juízo, portanto, só é realizado pelo reclamado e se este for empregador ou tomador dos serviços. É obrigatório o depósito recursal na interposição de recurso ordinário, recurso de revista, embargos ao TST, recurso extraordinário, recurso ordinário em ação rescisória e agravo de instrumento (Pereira, 2019).

Em recurso ordinário, recurso de revista, embargos ao TST, recurso extraordinário e recurso ordinário em ação rescisória, deve ser observado que o reclamado somente realizará o depósito recursal do valor da condenação que ainda não tenha sido depositado, até o limite do teto estabelecido pelo TST.

Já no caso do agravo de instrumento, conforme o art. 899, parágrafo 7º, da CLT, é exigido o depósito recursal para interposição do recurso, no importe de 50% "do valor do depósito de recurso ao qual se pretende destrancar". Destaca-se, contudo, que, quando todo o valor da condenação já estiver depositado, nada mais poderá ser exigido a título de depósito recursal (Pereira, 2019).

Em regra, o depósito recursal é efetuado em espécie, mas "poderá ser substituído por fiança bancária ou seguro garantia judicial" (art. 899, § 11, da CLT). A fiança bancária consiste em um contrato em que o banco garante o cumprimento da obrigação de seu cliente, que é o reclamado. Já o seguro garantia judicial trata-se de um contrato de seguro firmado pelo reclamado com uma seguradora, que garante o pagamento de depósitos judiciais em dinheiro e/ou a penhora de bens que possam ser devidos pelo segurado/executado na pendência de execução judicial.

O depósito recursal somente será obrigatório quando houver decisão condenatória em que a empresa tenha sido condenada a pagar quantia pecuniária (Súmula 161 do TST – Brasil, 2020f), sendo devido também em caso de interposição de recurso adesivo.

As entidades sem fins lucrativos, os empregadores domésticos, os microempreendedores individuais, as microempresas e as empresas de pequeno porte terão o valor do depósito recursal reduzido pela metade (art. 899, § 9º, da CLT).

São isentos do depósito recursal, segundo o art. 899, parágrafo 10, da CLT, "os beneficiários da justiça gratuita, as entidades filantrópicas e as empresas em recuperação judicial".

Em caso de recurso por parte das empresas públicas e das sociedades de economia mista, deverá ser recolhido o respectivo depósito recursal.

A massa falida também não está sujeita ao pagamento de custas nem ao depósito recursal (Súmula 86 do TST). Já as empresas em liquidação extrajudicial estão obrigadas ao recolhimento das custas e do depósito recursal.

Depositado o valor da condenação na sua integralidade, o juízo estará garantido e, desse modo, nenhum outro depósito precisará ser realizado pelo recorrente, salvo se majorada a condenação. Além disso, quando todo o valor da condenação estiver depositado, nenhum outro valor poderá ser exigido a título de depósito recursal (Garcia, 2017).

O juiz ordenará o levantamento imediato do depósito recursal em favor da parte vencedora quando a decisão recorrida estiver transitada em julgado (art. 899, § 1º, da CLT).

O depósito recursal deve ser efetuado e comprovado no mesmo prazo do recurso interposto, entretanto, "a interposição antecipada deste não prejudica a dilação legal" (Súmula 245 do TST – Brasil, 2020f).

O mesmo ocorre com as custas: na hipótese de recolhimento insuficiente do depósito recursal, o recorrente deverá ser intimado para promover a complementação no prazo de cinco dias e somente se não o fizer ocorrerá a deserção (art. 1.007, § 2º, da CLT).

Havendo condenação solidária de mais de uma empresa, o depósito recursal efetuado por uma delas é aproveitado pelas demais, desde que a empresa que realizou o depósito não pleiteie sua exclusão da lide (Súmula 128, inciso III, do TST – Brasil, 2020f).

O recolhimento do valor da multa imposta como sanção por litigância de má-fé não é pressuposto objetivo para interposição dos recursos de natureza trabalhista, pois entende o TST que tal multa não se qualifica como custas processuais (Orientação Jurisprudencial 409 da Subseção I Especializada em Dissídios Individuais, do TST – Brasil, 2020f).

Para que os recursos sejam apreciados, é necessário que eles sejam protocolados dentro do prazo legal. Entretanto, existe a possibilidade de o recurso ser julgado quando interposto fora do prazo legal, utilizando-se de uma ferramenta chamada *recurso adesivo*.

O recurso adesivo deve ser apresentado no mesmo prazo para a apresentação das contrarrazões ao recurso interposto pela recorrente. Isso ocorre, normalmente, quando a parte não tinha interesse em recorrer, contudo, em virtude de recurso interposto pela parte contrária, apresenta o respectivo recurso, que irá contestar apenas a parte da decisão em que foi sucumbente.

Podem ser interpostos de forma adesiva: o recurso ordinário, o recurso de revista, os embargos ao TST, o agravo de petição e o recurso extraordinário, sendo desnecessário, em todos os casos, que a matéria veiculada esteja relacionada com a do recurso interposto pela parte contrária.

O recurso adesivo fica subordinado ao recurso principal, de modo que, se o recurso principal não for conhecido ou se a parte desistir dele, o adesivo também não será processado.

Frisamos que a parte recorrente poderá desistir do recurso a qualquer tempo, sendo desnecessária a concordância da parte contrária ou dos litisconsortes.

No recurso adesivo, a parte recorrente não está dispensada do preparo, ou seja, da realização do depósito recursal ou do recolhimento das custas, quando for o caso, conforme detalhado em tópico específico.

As decisões interlocutórias proferidas no processo do trabalho são irrecorríveis de imediato, em regra. No entanto, cabe às partes impugná-las por meio de recurso das decisões definitivas.

O recurso ordinário está regulamentado no art. 895 da CLT:

> Cabe recurso ordinário para a instância superior em 2 (duas) hipóteses:
> I – das decisões definitivas ou terminativas das Varas e Juízos, [...]; e
> II – das decisões definitivas ou terminativas dos Tribunais Regionais, em processos de sua competência originária, [...] quer nos dissídios individuais, quer nos dissídios coletivos.

O recurso ordinário deve ser direcionado ao juízo que proferiu a decisão, o qual fará a análise dos pressupostos recursais. Admitido o recurso pelo juízo da instância inferior (*a quo*), a parte recorrida será intimada para apresentar as contrarrazões, no mesmo prazo do recurso.

Recebidas as contrarrazões, e mantida a admissibilidade, o recurso será remetido ao respectivo tribunal. O juízo da instância superior (*ad quem*) reexaminará os pressupostos recursais e, estando presentes, apreciará o mérito do recurso.

Observe que, no procedimento sumaríssimo, o recurso ordinário deve ser imediatamente distribuído, devendo o relator liberá-lo no prazo máximo de dez dias para que seja colocado em pauta para julgamento, sem revisor.

O recurso de revista está disposto no art. 896 da CLT. Segundo o art. 896 da CLT:

> Art. 896 – Cabe Recurso de Revista para Turma do Tribunal Superior do Trabalho das decisões proferidas em grau de recurso ordinário, em dissídio individual, pelos Tribunais Regionais do Trabalho, quando:
> a) derem ao mesmo dispositivo de lei federal interpretação diversa da que lhe houver dado outro Tribunal Regional do Trabalho, no seu Pleno ou Turma, ou a Seção de Dissídios Individuais do Tribunal Superior do Trabalho, ou contrariarem súmula de jurisprudência uniforme dessa Corte ou súmula vinculante do Supremo Tribunal Federal;
> b) derem ao mesmo dispositivo de lei estadual, Convenção Coletiva de Trabalho, Acordo Coletivo, sentença normativa ou regulamento empresarial de observância obrigatória em área territorial que exceda a jurisdição do Tribunal Regional prolator da decisão recorrida, interpretação divergente, na forma da alínea a;
> c) proferidas com violação literal de disposição de lei federal ou afronta direta e literal à Constituição Federal.

No processo do trabalho, cabem embargos infringentes ao TST, a serem julgados pela seção de dissídios coletivos e embargos por divergência.

Os embargos infringentes são cabíveis à decisão não unânime de julgamento que

> Art. 896. [...]
> I – de decisão não unânime de julgamento que:
> a) conciliar, julgar ou homologar conciliação em dissídios coletivos que excedam a competência territorial dos Tribunais Regionais do Trabalho e estender ou rever as sentenças normativas do Tribunal Superior do Trabalho, nos casos previstos em lei [...].

Cabem embargos por divergência às decisões das turmas do TST que divergirem entre si ou decisões proferidas pela seção de dissídios individuais ou contrárias à súmula, ou orientação jurisprudencial do TST ou súmula vinculante do STF.

Essa divergência capaz de ensejar os embargos, de acordo com o parágrafo 2º do art. 894 da CLT,

> Art. 894. [...]
> § 2º [...] deve ser atual, não se considerando tal a ultrapassada por súmula do Tribunal Superior do Trabalho ou do Supremo Tribunal Federal, ou superada por iterativa e notória jurisprudência do Tribunal Superior do Trabalho.

De acordo com o art. 897, alínea "b", da CLT, cabe agravo de instrumento aos despachos que denegarem a interposição de recursos, ou seja, a finalidade é a de destrancar o recurso, ou seja, impugnar o despacho que nega seguimento a recurso.

Os embargos de declaração estão previstos no art. 897-A da CLT, aplicando-se também os arts. 1.022 a 1.026 do CPC. São cabíveis contra qualquer decisão judicial, no prazo de cinco dias. Para a Fazenda Pública, este prazo é contado em dobro (art. 186 do CPC). Dispõe o art. 1.022 do CPC:

> Art. 1.022. Cabem embargos de declaração contra qualquer decisão judicial para:
> I – esclarecer obscuridade ou eliminar contradição;
> II – suprir omissão de ponto ou questão sobre o qual devia se pronunciar o juiz de ofício ou a requerimento;
> III – corrigir erro material.

Os erros materiais poderão ser corrigidos de ofício ou a requerimento de qualquer das partes. No processo do trabalho, esse recurso também é conveniente por manifesto equívoco na análise dos pressupostos extrínsecos do recurso. Além disso, podem ser propostos embargos de declaração com o intuito de prequestionamento da matéria. Estará prequestionada a matéria quando no acórdão recorrido houver tese explícita acerca da matéria que se deseja impugnar. Caso contrário, devem ser protocolados embargos de declaração, sob pena de preclusão.

Regra geral, não há manifestação da outra parte nos embargos de declaração. No entanto, se houver efeito modificativo no julgado, deverá o juiz permitir a manifestação da outra parte em cinco dias, sob pena de nulidade da decisão. Os embargos de declaração com efeito modificativo possibilitam a interposição de recurso ordinário complementar (art. 897-A, § 2º, da CLT).

Com a interposição dos embargos de declaração, fica interrompido o prazo para interposição de outros recursos, por qualquer das partes, até que seja proferida a decisão, "salvo quando intempestivos, irregular a representação da parte ou ausente a sua assinatura" (art. 897-A, § 3º, da CLT).

2.6 Processo de execução

Interpostos e julgados todos os recursos, é iniciada a execução processual definitiva, que consiste na fase em que são realizados todos os atos legais necessários ao pagamento dos créditos que foram reconhecidos na decisão proferida no processo de conhecimento, bem como dos créditos que resultarem de acordos que não foram cumpridos, inclusive as contribuições previdenciárias que incidirem sobre esses valores, as custas processuais, os honorários periciais, os honorários sucumbenciais, os eventuais juros e a correção monetária.

Explica o art. 876 da CLT:

> Art. 876 – As decisões passadas em julgado ou das quais não tenha havido recurso com efeito suspensivo; os acordos, quando não cumpridos; os termos de ajuste de conduta firmados perante o Ministério Público do Trabalho e os termos de conciliação firmados perante as Comissões de Conciliação Prévia serão executada [sic] pela forma estabelecida neste Capítulo.

Em regra, a execução deve ser provocada pelas partes. No entanto, a execução poderá ser iniciada pelo juiz nos casos em que a parte não estiver representada por advogado. E mais, de acordo com o art. 876, parágrafo único, da CLT:

> Art. 876. [...]
> A Justiça do Trabalho executará, de ofício, as contribuições sociais previstas na alínea a do inciso I e no inciso II do caput do art. 195 da Constituição Federal, e seus acréscimos legais, relativas ao objeto da condenação constante das sentenças que proferir e dos acordos que homologar.

Por outro lado, é faculdade do devedor efetuar, de maneira imediata, o pagamento do valor que entender devido à Previdência Social, sem prejuízo à cobrança de eventuais diferenças encontradas na execução iniciada pelo juiz.

Nos tópicos a seguir, analisaremos as principais etapas da fase de execução trabalhista.

Em regra, nas decisões proferidas no processo de conhecimento não constam os valores que correspondem aos direitos reconhecidos. Nesse caso, a fase de execução precisa ser iniciada com a liquidação da sentença, que é a quantificação de cada um desses direitos, incluídos as contribuições previdenciárias, os honorários periciais e de sucumbência, os juros e a correção monetária.

Devemos ressaltar que existem decisões que são meramente declaratórias, não existindo quantificação. Ainda, existem as decisões cujos valores são certos, chamadas de *sentenças líquidas*. Nesses casos, a fase de execução do processo se inicia com a citação do executado.

Nessa fase, às partes é possibilitada a apresentação dos cálculos de liquidação. Não havendo manifestação das partes, será nomeado, pelo juiz, um contador para efetuar os cálculos e que receberá honorários pelo trabalho realizado, observando, entre outros critérios, o princípio da razoabilidade e da proporcionalidade.

Na liquidação, a sentença liquidanda não poderá ser modificada ou inovada, assim como não poderá discutir matéria pertinente à causa principal.

Após a apresentação da conta e tornada líquida, o juiz deve abrir às partes, de forma simultânea, o prazo de oito dias úteis para que apresentem, se houver, impugnações fundamentadas no cálculo de liquidação, indicando os itens e os valores objetos da discordância, sob pena de preclusão (art. 884 da CLT).

A União também deverá ser intimada para se manifestar sobre a referida conta, no prazo de 10 dias úteis, também sob pena de preclusão.

A sentença de liquidação será proferida pelo juiz, após a apuração dos cálculos e a resolução das eventuais impugnações apresentadas pelas partes, com a finalidade de homologar os cálculos, tornando a condenação líquida, ou seja, com a definição dos valores.

Em regra, a sentença de liquidação somente poderá ser questionada após garantida a execução ou penhorados os bens do devedor. Excepcionalmente, as entidades filantrópicas e/ou aqueles que compõem ou compuseram a diretoria dessas instituições podem questionar a sentença de liquidação, independentemente de garantia da execução ou penhora de bens.

Com a liquidação da sentença e a execução requerida, o juiz mandará expedir mandado de citação ao executado, para que cumpra a decisão ou o acordo, no prazo de 48 horas, sob pena de ter os bens e valores bloqueados, ou seja, penhorados (art. 880 da CLT).

A citação será feita pelos oficiais de diligência e, no mandado, deverá conter o termo de acordo não cumprido ou a decisão exequenda. No espaço de 48 horas, o executado será procurado por 2 vezes e, se não for encontrado, será procedida a citação por edital, durante 5 dias (art. 880, parágrafos 2° e 3°, da CLT).

Alcançada a citação, será aguardado o decurso do prazo de 48 horas, podendo o executado, nesse interregno, adotar três posicionamentos, quais sejam: 1) efetuar o pagamento do valor da execução; 2) garantir a execução mediante depósito da quantia correspondente, atualizada e acrescida das despesas; 3) apresentar seguro-garantia judicial ou nomear bens à penhora (art. 882 da CLT).

Garantida a execução ou penhorados os bens, o executado poderá apresentar embargos à execução e a exequente para impugnação ao cálculo de liquidação, ambos no prazo de cinco dias úteis.

Quando a parte executada for a Fazenda Pública (União, estados e municípios, suas autarquias e fundação públicas), o prazo para apresentar embargos será de 30 dias úteis. Nesse caso, não há obrigação de garantia da execução, penhora de bens e expropriação patrimonial, pois a execução contra a Fazenda Pública é processada na sistemática de Requisições de Pequeno Valor (RPV) e precatórios. A RPV é uma "espécie de requisição de pagamento de quantia a que a Fazenda Pública foi condenada em processo judicial, para valores totais de até 60 salários mínimos por beneficiário", enquanto o precatório é uma "espécie de requisição de pagamento de determinada quantia a que a Fazenda Pública foi condenada em processo judicial, para valores totais acima de 60 salários mínimos por beneficiário" (Rio Grande do Sul, 2021b).

A penhora é uma das formas de garantir que o devedor pague a dívida, por meio da contrição de bens, ou seja, acontece quando o titular da coisa perde a faculdade de dispor livremente dela. O bem penhorado, então, será avaliado, ou seja, será estimado o seu preço, e poderá ser expropriado, retirado de seu dono para pagamento da dívida.

Estabelece o art. 883 da CLT:

> Art. 883. Não pagando o executado, nem garantindo a execução, seguir-se-á penhora dos bens, tantos quantos bastem ao pagamento da importância da condenação, acrescida de custas e juros de mora, sendo estes, em qualquer caso, devidos a partir da data em que for ajuizada a reclamação inicial.

A penhora pode ser efetuada de várias formas. Citamos aqui as mais comuns, quais sejam: 1) Sisbajud, sistema *on-line* de busca de ativos; 2) RenaJud, sistema *on-line* que permite a restrição de veículos; 3) penhora por oficial de justiça, que também será responsável também pela avaliação dos bens móveis ou imóveis passíveis de penhora.

Alguns bens são considerados impenhoráveis ou inalienáveis. O art. 833 do CPC, Lei n. 13.105/2015, elenca os seguintes bens impenhoráveis:

> Art. 833. São impenhoráveis:
> I – os bens inalienáveis e os declarados, por ato voluntário, não sujeitos à execução;
> II – os móveis, os pertences e as utilidades domésticas que guarnecem a residência do executado, salvo os de elevado valor ou os que ultrapassem as necessidades comuns correspondentes a um médio padrão de vida;
> III – os vestuários, bem como os pertences de uso pessoal do executado, salvo se de elevado valor;
> IV – os vencimentos, os subsídios, os soldos, os salários, as remunerações, os proventos de aposentadoria, as pensões, os pecúlios e os montepios, bem como as quantias recebidas por liberalidade de terceiro e destinadas ao sustento do devedor e de sua família, os ganhos de trabalhador autônomo e os honorários de profissional liberal, ressalvado o § 2º;
> V – os livros, as máquinas, as ferramentas, os utensílios, os instrumentos ou outros bens móveis necessários ou úteis ao exercício da profissão do executado;
> VI – o seguro de vida;
> VII – os materiais necessários para obras em andamento, salvo se essas forem penhoradas;
> VIII – a pequena propriedade rural, assim definida em lei, desde que trabalhada pela família;
> IX – os recursos públicos recebidos por instituições privadas para aplicação compulsória em educação, saúde ou assistência social;
> X – a quantia depositada em caderneta de poupança, até o limite de 40 (quarenta) salários-mínimos;
> XI – os recursos públicos do fundo partidário recebidos por partido político, nos termos da lei;
> XII – os créditos oriundos de alienação de unidades imobiliárias, sob regime de incorporação imobiliária, vinculados à execução da obra.

Observe que a impenhorabilidade de verbas de natureza alimentar e dos valores depositados em caderneta de poupança deve observar, conforme apontam Saraiva e Linhares (2018, p. 443): "a) a possibilidade da penhora do salário no que exceder a 50 salários-mínimos mensais, sendo indiferente se a dívida é ou não de caráter alimentar; e b) a penhorabilidade de qualquer importância para pagamento de verbas de natureza alimentar independentemente de sua origem".

Vale frisar que, embora não constem no rol dos bens impenhoráveis contidos no art. 833 do digesto processual civil, os bens públicos também são absolutamente impenhoráveis.

Realizada a penhora, o executado poderá apresentar embargos à execução, e a exequente para impugnação ao cálculo de liquidação, ambos no prazo de cinco dias úteis, contados da data de intimação da penhora (art. 884 da CLT).

Após apreciar as teses apresentadas pelas partes acerca dos atos da execução, o juiz proferirá, no mesmo ato, a sentença dos embargos à execução e da impugnação à sentença de liquidação.

Cabe agravo de petição ao TRT, da sentença que julga os embargos e a impugnação, no prazo de oito dias úteis. A questão está regulamentada no art. 897, alínea "a", da CLT. O agravo é utilizado para impugnar as decisões judiciais proferidas no curso do processo de execução. Caracteriza-se por um pressuposto de admissibilidade específico, ou seja, somente será recebido quando o agravante delimitar, justificadamente, as matérias e os valores impugnados, sendo permitida a execução imediata da parte remanescente até o final do processo, nos próprios autos ou por carta de sentença.

Cabe **recurso de revista** para o TST, dos acórdãos proferidos pelo TRT nos agravos de petição, no prazo de oito dias úteis (art. 896 da CLT). Cabe **recurso de embargos** no âmbito do próprio TST, se admitido o recurso de revista e julgado pelo TST, no prazo de oito dias úteis (art. 894 da CLT). Cabe **recurso extraordinário**, dirigido ao STF, das decisões proferidas pelo TST, em última instância, no prazo de 15 dias (art. 1.029, e seguintes, do CPC). Cabe **agravo de instrumento** quando qualquer recurso não for recebido, a ser julgado pelo tribunal responsável por tramitar esse recurso não recebido, no prazo de oito dias úteis (art. 897, "b", da CLT). Cabem **embargos de declaração**, dirigidos ao juiz ou ao relator que publicou a decisão contra a qual se está recorrendo, no caso de omissão, contradição ou obscuridade na sentença proferida pelo juiz ou no acórdão prolatado pelo TRT, TST ou STF, no prazo de cinco dias úteis (art. 897-A da CLT).

Após o julgamento dos recursos apresentados na fase de execução, havendo ainda a penhora de bens, o juiz designará leilão judicial para a arrematação desses bens. Nele, os bens penhorados serão alienados ao interessado que oferecer o maior lance, todavia, fica garantido ao credor a preferência para a adjudicação nas mesmas condições, ou seja, pela oferta do maior valor. Será depositado em uma conta bancária, colocada à disposição do juízo, todo o numerário coletado com a arrematação.

Saraiva e Linhares (2018, p. 460-465) conceituam as hipóteses de arrematação, adjudicação e remição:

> A arrematação é o ato processual consistente na venda, pelo Estado, de forma coercitiva, dos bens do executado, objetivando satisfazer o crédito do exequente, realizado por intermédio do Leilão.
> [...]
> A adjudicação consiste no ato processual em que o exequente ou terceiros interessados, por vontade própria, incorpora ao seu patrimônio bens penhorados que foram levados à hasta pública.
> [...]
> A remição consiste no ato processual do pagamento da totalidade da dívida executiva pelo devedor, liberando-se os bens constritos e, privilegiando-se, assim, o princípio da não prejudicialidade do devedor.

É importante que conceituemos também o **alvará judicial**, que se refere a um documento assinado pelo juiz do trabalho, autorizando o exequente e/ou seu procurador a levantar os valores vinculados ao processo que foram depositados em conta bancária judicial.

A satisfação do crédito trabalhista poderá se concretizar das seguintes formas (Rio Grande do Sul, 2021a):

a. por meio de alvará judicial, pela liberação dos valores depositados pelo executado em conta bancária judicial, em garantia da execução ou como depósito recursal;

- b. por meio de alvará judicial, pela liberação da penhora em dinheiro tornada subsistente após o julgamento dos recursos interpostos na fase de execução;
- c. por meio de alvará judicial, pela liberação do dinheiro disponibilizado pela Fazenda Pública para pagamento de requisições de pequeno valor ou precatórios;
- d. por meio de alvará judicial, pela liberação do dinheiro depositado pelo arrematante em conta bancária vinculada ao juízo em razão da aquisição, em hasta pública (leilão), dos bens penhorados;
- e. pela adjudicação dos bens penhorados, quando o exequente exerceu essa faculdade.

A execução será encerrada com o pagamento integral da dívida, e os autos serão encaminhados ao arquivo definitivo.

Não havendo o pagamento integral da dívida e esgotadas as tentativas de localização de bens do executado, o juiz poderá determinar o arquivamento provisório dos autos, possibilitando ao exequente, mediante a indicação de medidas viáveis para o prosseguimento do feito, o requerimento de desarquivamento do processo, desde que observado o prazo da prescrição intercorrente, que é de dois anos.

O cumprimento ao julgado, ou seja, a satisfação do crédito trabalhista, não é uma função fácil de ser concretizada, pois o executado cada vez mais usa de artifícios para blindar o seu patrimônio, como a transferência de bens da empresa para o nome de terceiros "laranjas".

Por conta disso, é possível buscar a satisfação do crédito junto aos sócios da empresa. A desconsideração da personalidade jurídica do executado admite que os atos executórios alcancem os bens particulares dos sócios quando verificada a insuficiência do patrimônio em nome da empresa.

PARTE 2

ROTINAS TRABALHISTAS NO eSOCIAL

Rubiane Bakalarczyk Matoso

**DESVENDANDO
O eSOCIAL**

3

Uma ferramenta importante e que deve ser dominada por gestores de pequenas e grandes empresas é o eSocial. Conhecer essa nova forma de cumprimento das obrigações acessórias e trabalhistas (não tão nova assim) é essencial para uma gestão preventiva eficaz do contencioso trabalhista.

O eSocial impactou diretamente o modo como as empresas tratam as relações de trabalho e a maneira com que as informações e os documentos são armazenados e gerenciados pelo departamento pessoal.

A partir de agora vamos traçar uma trajetória de estudos para conhecer um pouco mais sobre o eSocial. Abordaremos o conceito, os objetivos, as legislações vigentes, as principais mudanças trazidas pelo novo sistema nas obrigações acessórias, como a substituição de diversas declarações e formulários, e a arquitetura do sistema. Num segundo momento, o estudo se propõe a esclarecer aspectos referentes às rotinas trabalhistas no eSocial que englobam desde as informações do atestado médico até o processo de desligamento do trabalhador.

Antes de iniciarmos, é importante destacar que o eSocial tem passado por alterações ao longo dos anos, conforme as necessidades averiguadas pelos desenvolvedores. Por isso, é importante estar atento às publicações divulgadas no Portal do eSocial (Brasil, 2021c).

3.1 Conceito e objetivos do eSocial

O eSocial – Sistema de Escrituração Digital das Obrigações Fiscais, Previdenciárias e Trabalhistas – foi criado através do Decreto n. 8.373, de 11 de dezembro de 2014 (Brasil, 2014). Essa escrituração faz parte do Sistema Público de Escrituração Digital, conhecido como Sped[1], é formado por diversas escriturações, por exemplo, a Escrituração Fiscal Digital das Contribuições Incidentes sobre a Receita (EFD-Contribuições), a Escrituração Fiscal Digital de Retenções e Outras Informações Fiscais (EFD-Reinf), a Nota Fiscal Eletrônica (NF-e), o Conhecimento de Transporte eletrônico (CT-e), entre outras.

O eSocial tem como finalidade ou objetivo principal a unificação do envio das informações trabalhistas, fiscais e previdenciárias. Não estamos diante de uma nova obrigação acessória, mas, sim, de uma nova forma de cumprimento das obrigações já existentes.

No início da implantação do sistema, muito se perguntou se o eSocial alteraria a legislação trabalhista e previdenciária, se a partir dele teríamos uma nova legislação. Como podemos ver, desde o início de sua implantação, o eSocial não redundou nesse fenômeno, apenas estabeleceu uma nova forma de cumprimento das obrigações acessórias e vinculou o cumprimento dos prazos legais pelo empregador/contribuinte.

O art. 2º do Decreto n. 8.373/2014 nos traz de maneira clara e objetiva o conceito, a finalidade e a estrutura do eSocial:

> Art. 2º O eSocial é o instrumento de unificação da prestação das informações referentes à escrituração das obrigações fiscais, previdenciárias e trabalhistas e tem por finalidade padronizar sua transmissão, validação, armazenamento e distribuição, constituindo ambiente nacional composto por:
> I – escrituração digital, contendo informações fiscais, previdenciárias e trabalhistas;
> II – aplicação para preenchimento, geração, transmissão, recepção, validação e distribuição da escrituração; e
> III – repositório nacional, contendo o armazenamento da escrituração.

Por ser uma escrituração, o eSocial é composto por um leiaute e, a partir dele, os desenvolvedores de sistemas de folha de pagamento ajustam seus *softwares* para que seja possível o envio das informações por meio do portal do eSocial. Todas as informações

---

[1] Saiba mais, consultando, na seção "Referências", SPED (2021).

prestadas pelas empresas ficam centralizadas em um ambiente virtual único, onde os órgãos envolvidos no projeto (Caixa Econômica Federal, Ministério da Economia, Previdência Social, Receita Federal), têm acesso de forma rápida e irrestrita aos dados informados pelas empresas. Assim, além da apuração dos tributos e do Fundo de Garantia do Tempo de Serviço (FGTS), as informações serão utilizadas para fiscalizar o cumprimento da legislação trabalhista e previdenciária.

É importante frisar que os dados colhidos pelo eSocial não são divulgados abertamente – apenas os órgãos oficiais têm acesso a eles, cumprindo assim com a Lei Geral de Proteção de Dados Pessoais (LGPD), Lei n. 13.709, de 14 de agosto de 2018 (Brasil, 2018b).

3.2 Obrigatoriedade

O eSocial é uma forma de cumprimento das obrigações acessórias. Logo, estão sujeitos ao cumprimento dessa obrigação todos os empregadores pessoas físicas e jurídicas, inclusive os órgãos públicos da administração direta, indireta, autarquias e fundações. Incluem-se nessa obrigação as empresas, mesmo sem empregados, o microempreendedor individual (MEI), as cooperativas, o segurado especial (produtor rural e o pescador rural) e o pequeno produtor rural.

Não podemos esquecer de mencionar que o empregador/contribuinte que estiver sem movimentação na folha de pagamento deverá apresentar declaração sem movimento. Portanto, conforme orientações trazidas pelo Manual de Orientação do eSocial (MOS) – (Brasil, 2021a, p. 8):

> Todo aquele que contratar prestador de serviço pessoa física e possua alguma obrigação trabalhista, previdenciária ou tributária, em função dessa relação jurídica de trabalho, inclusive se tiver natureza administrativa, conforme a legislação pertinente, está obrigado a enviar informações decorrentes desse fato por meio do eSocial.

A obrigação para os mencionados na citação anterior está prevista no art. 2º, parágrafo 1º, do Decreto n. 8.373/2014:

> Art. 2º [...]
> §1º A prestação das informações ao eSocial substituirá, na forma disciplinada pelos órgãos ou entidades partícipes, a obrigação de entrega das mesmas informações em outros formulários e declarações a que estão sujeitos:
> I – o empregador, inclusive o doméstico, a empresa e os que forem a eles equiparados em lei;
> II – o segurado especial, inclusive em relação a trabalhadores que lhe prestem serviço;
> III – as pessoas jurídicas de direito público da União, dos Estados, do Distrito Federal e dos Municípios; e
> IV – as demais pessoas jurídicas e físicas que pagarem ou creditarem por si rendimentos sobre os quais tenha incidido retenção do Imposto sobre a Renda Retido na Fonte – IRRF, ainda que em um único mês do ano-calendário.

Outro ponto importante é a distinção que o Decreto n. 8.373/2014 traz para as Microempresas (ME) e Empresas de Pequeno Porte (EPP), regulamentadas pela Lei Complementar n. 123, de 14 de dezembro de 2006 (Brasil, 2006a), bem como o MEI que presta as informações de maneira simplificada por meio de módulo compatível com as especialidades de cada empresa disponível no portal do eSocial.

Do mesmo modo, o empregador doméstico também fornece suas informações por meio de um módulo simplificado e desenvolvido especialmente para essa categoria. Portanto, não é necessário um *software* (sistema de folha de pagamento) próprio para o envio das informações: basta o acesso ao sistema por meio do portal do eSocial (Brasil, 2021c). No portal, é possível encontrar todas as informações pertinentes ao módulo simplificado para o empregador doméstico.

O acesso para as empresas se dará por meio do certificado digital e, para o empregador doméstico, o MEI e o segurado especial, o acesso será realizado por meio do módulo simplificado, com senha e código de acesso.

3.3 Princípios aplicados ao eSocial

Como qualquer obrigação acessória, o eSocial também é regido por princípios, previstos no art. 3º do Decreto n. 8.373/2014, conforme disposto a seguir:

> Art. 3º O eSocial rege-se pelos seguintes princípios:
> I – viabilizar a garantia de direitos previdenciários e trabalhistas;
> II – racionalizar e simplificar o cumprimento de obrigações;
> III – eliminar a redundância nas informações prestadas pelas pessoas físicas e jurídicas;
> IV – aprimorar a qualidade de informações das relações de trabalho, previdenciárias e tributárias; e
> V – conferir tratamento diferenciado às microempresas e empresas de pequeno porte.

Como podemos ver, entre os princípios citados, será garantido para o trabalhador o acesso aos direitos previdenciários e trabalhistas de forma imediata, já que haverá a necessidade de envio das informações observando a legislação vigente para cada evento trabalhista.

Como exemplo desse cumprimento, podemos pensar em um empregado que deixou de receber o pagamento do Descanso Semanal Remunerado (DSR) gerado por algumas horas extras realizadas durante determinada competência. Se o empregador enviar as informações ao eSocial sem informar o reflexo (DSR) referente às horas extras, sinalizará a irregularidade praticada, permitindo assim a fiscalização imediata da empresa. Assim como a empresa poderá sinalizar ao Ministério da Economia que não está cumprindo suas obrigações e abrir as portas para que o fisco realize a fiscalização dos últimos cinco anos na empresa (que é o tempo prescricional existente para cobrança referente às irregularidades e falta de contribuições por parte do contribuinte).

Com o advento do eSocial, podemos afirmar que, para as instituições e empresas que não estão atentas às obrigações trabalhistas e contam com a ineficiência dos órgãos fiscalizadores, essa nova sistemática de cumprimento das obrigações trabalhistas tem trazido uma grande alteração no modelo de gestão. A cada informação que é deixada para trás, a empresa acaba gerando um grande passivo trabalhista, fiscal e previdenciário. Se a gestão dos recursos humanos não se adaptar às novas regras, as pessoas jurídicas sofrerão grandes prejuízos.

Os principais impactos gerados para os gestores do novo sistema estão relacionados à eficácia no controle das informações prestadas, inclusive quanto aos recolhimentos de contribuições e demais tributos gerados pelos eventos, permitindo, assim, uma fiscalização mais efetiva.

3.4 Legislação, vigência e mudanças nas obrigações acessórias

Como mencionado anteriormente, o eSocial não trouxe alterações na legislação trabalhista, fiscal e previdenciária: na realidade trata-se de um sistema totalmente adaptado às legislações existentes desde o início da sua implantação. Conforme as legislações passam por alterações, o sistema se adapta para cumprir com os prazos e as obrigações existentes.

Conforme já mencionamos, o eSocial foi criado por meio do Decreto n. 8.373/2014. Inicialmente, essa legislação instituiu o Comitê Diretivo do eSocial e o Comitê Gestor do eSocial. Até a publicação do Decreto n. 10.087, de 5 de novembro de 2019 (Brasil, 2019d), tais órgãos eram os responsáveis pela elaboração e edição das regras aplicáveis ao leiaute, pelos novos manuais e versões dos leiautes, pelas alterações do cronograma de implantação, entre outras atribuições.

Com a publicação do Decreto n. 10.087/2019, a responsabilidade pela gestão e pelo desenvolvimento passou a ser da Caixa Econômica Federal, do Instituto Nacional do Seguro Social, da Secretaria da Receita Federal do Brasil, do Ministério da Previdência Social e do Ministério do Trabalho e Emprego, compondo assim o que chamamos de *Comitê Gestor do eSocial*.

Cabe a esse comitê a gerência e o controle do eSocial. Todas as diretrizes para o cumprimento das obrigações são publicadas no portal, tais como resoluções, notas técnicas, notas de documentação e evolutiva e notas orientativas. É importante frisar que as orientações não são publicadas no Diário Oficial da União, por isso, o acesso frequente ao portal do eSocial (Brasil, 2021c) se faz necessário para o acompanhamento das novidades.

Além das legislações pertinentes ao sistema, o portal do eSocial traz um compilado das legislações trabalhistas, previdenciárias e tributárias para fácil acesso.

Cumpre ressaltar que os órgãos que compõem o Comitê Gestor do eSocial terão acesso compartilhado a todas as informações que integram o ambiente nacional do sistema e farão uso delas respeitando o limite de suas competências e atribuições, não sendo permitida a transferência e a divulgação das informações a terceiros.

3.5 Cronograma de implantação

O cronograma de implantação passou por diversas alterações desde sua divulgação. A última alteração do cronograma, até a publicação deste livro, foi proposta por meio da Portaria Conjunta n. 71, de 29 de junho de 2021, da Secretaria Especial de Previdência e Trabalho (SEPRT) e da Receita Federal do Brasil (RFB) (Brasil, 2021d), que trouxe as novas datas de obrigatoriedade para empresas, empregadores pessoas físicas e órgãos públicos.

Para facilitar a implantação do sistema e realizar a inclusão das informações na base de dados de forma gradual, o governo estabeleceu que esse procedimento se daria por meio de uma agenda (cronograma) e com base em grupos de contribuintes e empregadores. Atualmente, os quatro grandes grupos se mantêm nos termos do art. 2º da Portaria Conjunta n. 71/2021:

> Art. 2º Para os fins desta Portaria Conjunta consideram-se:
> I – 1º grupo: as entidades integrantes do "Grupo 2–Entidades Empresariais" do Anexo V da Instrução Normativa RFB nº 1.863, de 27 de dezembro de 2018, com faturamento no ano de 2016 acima de R$ 78.000.000,00 (setenta e oito milhões de reais);
> II – 2º grupo: as demais entidades integrantes do "Grupo 2–Entidades Empresariais" do Anexo V da Instrução Normativa RFB nº 1.863, de 2018, exceto:
> a) as optantes pelo Regime Especial Unificado de Arrecadação de Tributos e Contribuições devidos pelas Microempresas e Empresas de Pequeno Porte (Simples Nacional) de que trata o art. 12 da Lei Complementar nº 123, de 14 de dezembro de 2006, que constem nessa situação no Cadastro Nacional da Pessoa Jurídica (CNPJ) em 1º de julho de 2018; e
> b) as que fizerem opção pelo Simples Nacional no momento de sua constituição, se posterior à data mencionada na alínea "a";
> III – 3º grupo–pessoas jurídicas: as entidades obrigadas ao eSocial não pertencentes ao 1º, 2º e 4º grupos a que se referem respectivamente os incisos I, II e V;
> IV – 3º grupo–pessoas físicas: os empregadores e contribuintes pessoas físicas, exceto os empregadores domésticos; e
> V – 4º grupo: os entes públicos integrantes do "Grupo 1–Administração Pública" e as organizações internacionais e instituições integrantes do "Grupo 5–Organizações Internacionais e Outras Instituições Extraterritoriais", ambos do Anexo V da Instrução Normativa RFB nº 1.863, de 2018.
> Parágrafo único. O faturamento a que se refere o inciso I do caput compreende o total da receita bruta apurada nos termos do art. 12 do Decreto-Lei nº 1.598, de 26 de dezembro de 1977, auferida no ano-calendário de 2016 e declarada na Escrituração Contábil Fiscal (ECF) relativa ao mesmo ano-calendário.

As primeiras transmissões para o eSocial foram realizadas pelo grupo 1 de empresas em 8 de janeiro de 2018. As primeiras informações tiveram caráter declaratório, constituindo instrumento hábil e suficiente para a cobrança de tributos e encargos trabalhistas. Tais informações eram relativas às empresas, ou seja, cadastros do empregador e tabelas.

Para a implantação houve a divisão de empresas, empregadores e demais contribuintes em quatro grandes grupos e em quatro fases, conforme o anexo único da Portaria Conjunta n. 71/2021, indicado no quadro a seguir.

Quadro 3.1 – Consolidação do cronograma de implantação do eSocial

FASES (art. 3º)	GRUPOS (art. 2º)				
	1º GRUPO	2º GRUPO	3º GRUPO pessoas jurídicas	3º GRUPO pessoas físicas	4º GRUPO
1ª FASE (Eventos de tabelas)	08/01/2018	16/07/2018	10/01/2019	10/01/2019	21/07/2021 (a partir das oito horas). O prazo final para envio do evento da tabela S-1010 é até o início da 3ª fase de implementação.
2ª FASE (Eventos não periódicos)	1º/03/2018	10/10/2018	10/04/2019	10/04/2019	22/11/2021 (a partir das oito horas)
3ª FASE (Eventos periódicos)	1º/05/2018	10/01/2019	10/05/2021	19/07/2021 (a partir das oito horas)	22/04/2022 (a partir das oito horas)
4ª FASE (Eventos de SST)	13/10/2021 (a partir das oito horas)	10/01/2022 (a partir das oito horas)	10/01/2022 (a partir das oito horas)	10/01/2022 (a partir das oito horas)[2]	11/07/2022 (a partir das oito horas)

Fonte: Brasil, 2021d.

---

[2] O empregador doméstico fica obrigado ao envio do evento S-2210 do leiaute do eSocial a partir dessa data.

Não podemos deixar de mencionar os impactos causados pela pandemia causada pelo novo coronavírus, fenômeno que teve início no final de 2019. O estado de calamidade pública decorrente da pandemia afetou diretamente as empresas do país, e muitas delas suspenderam suas atividades por longos períodos.

Não poderia ser diferente com o cronograma de implementação do eSocial, que também passou por diversas alterações e suspensões, como podemos ver por meio das legislações publicadas ao longo desses dois últimos anos. Logo, em meados de 2020, o anúncio da suspensão do cronograma foi realizado pelo governo no Portal do eSocial. A implementação do eSocial continua sendo realizada de forma progressiva, nos termos do art. 3º da Portaria Conjunta n. 71/2021:

> Art. 3º A implementação do eSocial ocorre de forma progressiva em obediência às seguintes fases:
> I – 1ª fase: envio das informações constantes dos eventos das tabelas S-1000 a S-1080 do leiaute do eSocial;
> II – 2ª fase: envio das informações constantes dos eventos não periódicos S-2190 a S-2420 do leiaute do eSocial, exceto dos eventos relativos à Saúde e Segurança do Trabalhador (SST);
> III – 3ª fase: envio das informações constantes dos eventos periódicos S-1200 a S-1299 do leiaute do eSocial; e
> IV – 4ª fase: envio das informações constantes dos eventos S-2210, S-2220 e S-2240 do leiaute do eSocial, relativos à SST.

3.6 Substituição das declarações e dos formulários

Como já mencionamos nos tópicos anteriores, um dos objetivos principais do eSocial é a simplificação do envio das informações. Com isso, diversas obrigações acessórias serão substituídas.

Essa alteração tem acontecido de maneira gradativa, sendo definida por cada órgão do governo, por exemplo, a substituição da GFIP (Guia de Recolhimento do FGTS e de Informações à Previdência Social), regulamentada pela Caixa Econômica Federal. A substituição ocorre com publicação por meio de ato normativo específico da autoridade competente, a ser expedido de acordo com a oportunidade e conveniência administrativa.

Conforme disposto no art. 2º, parágrafo 3º, do Decreto n. 8.373/2014, as informações prestadas na forma estabelecida pelo MOS e as encaminhadas por meio da EFD-Reinf substituirão as informações constantes da GFIP.

Como previsto no MOS (Brasil, 2021a) e no portal do eSocial (Brasil, 2021c), a expectativa é que o eSocial substitua, pelos menos, 15 obrigações acessórias, sendo elas:

1. GFIP;
2. Caged – Cadastro Geral de Empregados e Desempregados para controlar as admissões e demissões de empregados sob o regime da Consolidação das leis do Trabalho – CLT (Decreto-Lei n. 5.452, de 1º de maio de 1943 – Brasil, 1943);
3. Rais – Relação Anual de Informações Sociais;
4. LRE – Livro de Registro de Empregados;
5. CAT – Comunicação de Acidente de Trabalho;
6. CD – Comunicação de Dispensa;
7. CTPS – Carteira de Trabalho e Previdência Social;
8. PPP – Perfil Profissiográfico Previdenciário;
9. Dirf – Declaração do Imposto de Renda Retido na Fonte;
10. DCTF – Declaração de Débitos e Créditos Tributários Federais;
11. QHT – Quadro de Horário de Trabalho;
12. Manad – Manual Normativo de Arquivos Digitais;
13. Folha de pagamento;
14. GRF – Guia de Recolhimento do FGTS;
15. GPS – Guia da Previdência Social.

Vamos ver agora algumas das primeiras substituições já realizadas pelo eSocial.

3.6.1 Substituição do Caged

O Caged, antes das alterações propostas pelo eSocial, era informado por meio de sistemática própria – pela empresa (empregadores em geral, salvo empregador doméstico) nos casos de admissões e dispensas.

A substituição ocorreu a partir de janeiro de 2020 por meio da Portaria n. 1.127, de 14 de outubro de 2019 (Brasil, 2019l). Assim, as empresas do grupo 1, 2 e 3, ou seja, empresas ou pessoas físicas equiparadas a empresas, deixam de informar o Caged e passam a informar apenas o eSocial.

De maneira prática, como isso irá funcionar? Os empregadores informam o eSocial e o Caged importará da base do eSocial dados como data de admissão, número do Cadastro de Pessoas Físicas (CPF), salário contratual e, nos casos de rescisão, a data de extinção do vínculo. Vejamos as informações completas conforme, Portaria n. 1.127/2019:

> Art. 1º A obrigação da comunicação de admissões e dispensas instituída pela Lei n. 4.923, de 23 de novembro de 1965, Cadastro Geral de Empregados e Desempregados – CAGED, passa a ser cumprida por meio do Sistema de Escrituração Digital das Obrigações Fiscais, Previdenciárias e Trabalhistas – eSocial a partir da competência de janeiro 2020 para as empresas ou pessoas físicas equiparadas a empresas, mediante o envio das seguintes informações:
> I – data da admissão e número de inscrição do trabalhador no Cadastro de Pessoas Físicas – CPF, que deverão ser prestadas até o dia imediatamente anterior ao do início das atividades do trabalhador;
> II – salário de contratação, que deverá ser enviado até o dia 15 (quinze) do mês seguinte em que ocorrer a admissão;
> III – data da extinção do vínculo empregatício e motivo da rescisão do contrato de trabalho, que deverão ser prestadas:

a) até o décimo dia, contado da data da extinção do vínculo, nas hipóteses previstas nos incisos I, I-A, II, IX e X do art. 20 da Lei n. 8.036, de 11 de maio de 1990;
b) até o dia 15 (quinze) do mês seguinte em que ocorrer a extinção do vínculo, nos demais casos;
IV – último salário do empregado, que deverá ser prestada até o dia 15 (quinze) do mês seguinte em que ocorrer a alteração salarial;
V – transferência de entrada e transferência de saída, que deverão ser prestadas até o dia 15 (quinze) do mês seguinte a ocorrência;
VI – reintegração, que deverá ser prestada até o dia 15 (quinze) do mês seguinte a ocorrência.

Portanto, quando um dos eventos indicados ocorrer, a empresa deverá informar o eSocial dentro dos prazos estabelecidos pelo sistema para cumprimento das obrigações acessórias que utilizarão os dados informados, além de outros dados da empresa e dos trabalhadores.

3.6.2 Substituição da Rais

A Portaria n. 1.127/2019, que trouxe a substituição do Caged, também trouxe a substituição da Rais, passa a ser cumprida por meio do eSocial a partir do ano base de 2019.

Nos termos do art. 2º da Portaria n. 1.127/2019, as seguintes informações serão extraídas do eSocial pela Rais:

> Art. 2º. [...]
> I – data da admissão, data de nascimento e CPF do trabalhador, que deverão ser prestadas até o dia imediatamente anterior ao do início das atividades do empregado, salvo as informações relativas aos servidores da administração pública direta, indireta ou fundacional, das esferas federal, estadual, do Distrito Federal ou municipal, não regidos pela CLT, as quais deverão ser enviadas até o dia 15 (quinze) do mês seguinte ao do início de suas atividades;
> II – data e motivo da rescisão de contrato, bem como os valores das verbas rescisórias devidas [...];

III – valores de parcelas integrantes e não integrantes das remunerações mensais dos trabalhadores, com a correspondente discriminação e individualização dos valores, que deverão ser prestadas até o dia 15 (quinze) do mês seguinte ao vencido.

É importante mencionar que as substituições foram aplicadas de forma imediata para as empresas que já estavam obrigadas à utilização do eSocial. Para as demais, a substituição da Rais somente será aplicada a partir do momento que passam a informar, de modo obrigatório, nos termos do cronograma do eSocial.

3.6.3 Substituição do LRE

A substituição do LRE foi regulamentada pela Portaria n. 1.195, de 30 de outubro de 2019 (Brasil, 2019m). A substituição dessa obrigação acessória é opcional para todos os empregadores.

A redação do art. 2º da Portaria n. 1.195/2019 estabelece prazos diferenciados para cada grupo de informações, conforme apresentamos a seguir (grifo nosso):

> Art. 2º Compõem o registro de empregados os dados relativos à admissão no emprego, duração e efetividade do trabalho, férias, acidentes e demais circunstâncias que interessem à proteção do trabalhador que deverão ser informados nos seguintes prazos:
> **I – até o dia anterior ao início das atividades do trabalhador:**
> a) número no Cadastro de Pessoa Física – CPF;
> b) data de nascimento;
> c) data de admissão;
> d) matrícula do empregado;
> e) categoria do trabalhador;
> f) natureza da atividade (urbano/rural);
> g) código da Classificação Brasileira de Ocupações – CBO;
> h) valor do salário contratual; e
> i) tipo de contrato de trabalho em relação ao seu prazo, com a indicação do término quando se tratar de contrato por prazo determinado.

II – até o dia 15 (quinze) do mês subsequente ao mês em que o empregado foi admitido:
a) nome completo, sexo, grau de instrução, endereço e nacionalidade;
b) descrição do cargo e/ou função;
c) descrição do salário variável, quando for o caso;
d) nome e dados cadastrais dos dependentes;
e) horário de trabalho ou informação de enquadramento no art. 62 da CLT;
f) local de trabalho e identificação do estabelecimento/empresa onde ocorre a prestação de serviço;
g) informação de empregado com deficiência ou reabilitado, assim como informação se o empregado será computado na cota para pessoas com deficiência ou beneficiários reabilitados, prevista no art. 93 da Lei n. 8.213 de 1991, por ter concordado em ser beneficiado pela ação afirmativa, nos termos do § 2º do art. 4º da Lei n. 13.146 de 2015;
h) indicação do empregador para o qual a contratação de aprendiz por entidade sem fins lucrativos está sendo computada no cumprimento da respectiva cota;
i) identificação do alvará judicial em caso de contratação de trabalhadores com idade inferior à legalmente permitida;
j) data de opção do empregado pelo Fundo de Garantia do Tempo de Serviço–FGTS, nos casos de admissão anterior a 1º de outubro de 2015 para empregados domésticos ou anterior a 5 de outubro de 1988 para os demais empregados; e
k) informação relativa a registro sob ação fiscal ou por força de decisão judicial, quando for o caso.

III – até o dia 15 (quinze) do mês seguinte ao da ocorrência:
a) alterações cadastrais e contratuais de que tratam as alíneas "e" a "i" do inciso I e as alíneas "a" a "i" do inciso II;
b) gozo de férias;
c) afastamento por acidente ou doença relacionada ao trabalho, com duração não superior a 15 (quinze) dias;
d) afastamentos temporários descritos no Anexo desta Portaria;
e) dados de desligamento cujo motivo não gera direito ao saque do FGTS;
f) informações relativas ao monitoramento da saúde do trabalhador;
g) informações relativas às condições ambientais de trabalho;
h) transferência de empregados entre empresas do mesmo grupo econômico, consórcio, ou por motivo de sucessão, fusão, incorporação ou cisão de empresas; e
i) reintegração ao emprego.

IV – no 16º (décimo sexto) dia do afastamento:
a) por acidente ou doença relacionados ou não ao trabalho, com duração superior a 15 (quinze) dias; e

b) por acidente ou doença relacionados ou não ao trabalho, com qualquer duração, que ocorrerem dentro do prazo de 60 (sessenta) dias pela mesma doença e tiverem em sua totalidade duração superior a 15 (quinze) dias.
V - de imediato:
a) o acidente de trabalho ou doença profissional que resulte morte; e
b) afastamento por acidente ou doença relacionados ou não ao trabalho, com qualquer duração, quando ocorrer dentro do prazo de 60 (sessenta) dias do retorno de afastamento anterior pela mesma doença, que tenha gerado recebimento de auxílio-doença.
VI - até o primeiro dia útil seguinte ao da sua ocorrência, o acidente de trabalho que não resulte morte, ou a doença profissional.
VII – até o 10º (décimo) dia seguinte ao da sua ocorrência, os dados de desligamento cujo motivo gera direito a saque do FGTS.

Se a empresa optar pela utilização de livros físicos ou fichas de registro, esses instrumentos deverão ser adaptados às exigências previstas na Portaria n. 1.195/2019.

3.6.4 Substituição da CTPS digital

As alterações propostas para a substituição da CTPS física pela sua versão digital foram emitidas pela Lei da Liberdade Econômica – Lei n. 13.874, de 20 de setembro de 2019 (Brasil, 2019i).

Para os novos contratos firmados a partir de 24/09/2019, a utilização da CTPS digital se tornou obrigatória. O documento em sua versão física somente é utilizado nos casos em que o empregador ainda não está obrigado à utilização do eSocial e para anotações relativas a eventos ocorridos antes da data anteriormente citada.

A CTPS digital não se utiliza de número de séries e numeração própria. Agora, a apresentação do CPF por parte do trabalhador ao empregador equivale à apresentação do referido documento.

Como mencionado, as anotações anteriores à vigência da nova regra deverão ser realizadas no documento físico do trabalhador; somente as anotações a partir de 24/09/2019 estarão disponíveis no ambiente digital. Isso porque o eSocial não admite a indicação de informações retroativas.

O trabalhador terá acesso aos dados no prazo de 48 horas a partir da anotação, que deverá ser realizada no prazo de cinco dias. A consulta será realizada por meio de um aplicativo ou, ainda, pelo *site* do Governo Federal.

O que muda efetivamente para a empresa com essa alteração? Bem, o controle das informações deverá ser rigoroso para que não ocorram erros nas informações ao eSocial. O controle das informações, como concessão de férias, alterações salariais, correto pagamento de salários, enfim, todos os dados referentes ao dia a dia do trabalhador, deverá ser administrado com cautela para evitar multas e complicações trabalhistas para a empresa.

3.7 Documentos técnicos e eventos do eSocial

O eSocial dispõe de uma documentação técnica que ampara os desenvolvedores no desenvolvimento dos sistemas. Essa documentação é composta por manuais de orientação geral, manuais para os desenvolvedores dos programas, notas orientativas, notas de documentação evolutiva, notas técnicas, resoluções, entre outras. Todos os documentos encontram-se disponíveis no portal do eSocial, na área denominada *documentação técnica* (Brasil, 2021a).

O eSocial passa por constantes alterações e simplificações. Em 2020, houve uma redução significativa nos eventos e campos, o que causou uma diminuição significativa do volume de informações até então declaradas pelos contribuintes. O último MOS foi revisado em 18/11/2020, sendo o documento norteador dos empregadores e contribuintes. Sobre o envio das informações, o novo MOS simplificado, versão S-1.0, nos diz que:

> Mas é importante se frisar que o envio das informações seguindo o novo leiaute deve ocorrer apenas em relação aos fatos ocorridos

a partir da data de entrada em produção da versão simplificada do eSocial. Além disso, há um período de convivência entre as versões antigas e a simplificada (ver item 21.1 deste capítulo).
As informações já enviadas seguindo a versão antiga não precisam ser reenviadas na versão simplificada. Ou seja, o eSocial simplificado aproveita todas as informações já recebidas pelo eSocial. Por exemplo: um empregador enviou um evento de admissão de um empregado em outubro de 2019. Neste evento, o cargo exercido pelo empregado foi informado mediante a referência a um dos códigos existentes na tabela de cargos. Já o horário contratual do empregado foi informado mediante a indicação do código relativo a um dos horários existentes na tabela de horários do empregador. Na versão simplificada do eSocial essas duas tabelas deixaram de existir e essas informações passaram a ser prestadas mediante utilização de campos textos dentro do próprio evento de admissão. (Brasil, 2021a, p. 7)

Contudo, de acordo com o exemplo extraído do MOS, é importante mencionar que não existe necessidade de reenvio dos eventos de admissão (conforme o exemplo citado). Apenas os empregados admitidos a partir da entrada em produção da versão do leiaute simplificado utilizarão a nova sistemática do eSocial.

3.7.1 O eSocial e a EFD-Reinf

Consideramos importante mencionar, mesmo que brevemente, a interação do EFD-Reinf com o eSocial. Estamos diante de duas obrigações acessórias que se complementam.

Por meio do eSocial, os contribuintes informam todos os dados relativos às relações trabalhistas,

que no campo da tributação previdenciária, abrangem, como regra, as informações necessárias para a apuração das contribuições previdenciárias e das contribuições das outras entidades e fundos (Terceiros) incidentes sobre a folha de pagamento ou remunerações pagas, devidas ou creditadas aos trabalhadores contratados. (Brasil, 2021a, p. 8-9)

A EFD-Reinf é uma obrigação acessória que realiza a apuração da retenção do art. 31 da Lei n. 8.212, de 24 de julho de 1991 (Brasil, 1991a), ou seja, das contribuições previdenciárias substitutivas, incidentes, em regra, sobre a receita bruta, essas devem ser encaminhadas por meio da EFD-Reinf, instituída pela Instrução Normativa n. 1.701, de 14 de março de 2017 (Brasil, 2017c).

Diferentemente do que ocorria na GFIP (em que as informações da folha de pagamento e as informações das retenções do art. 31 da Lei n. 8.212/1991 conviviam), agora, com a nova sistemática, os contribuintes deverão informar o eSocial, para enviar os dados referentes às relações trabalhistas e o EFD-Reinf, para averiguar as retenções e substituições nos moldes do art. 31 já citado.

3.7.2 Eventos do eSocial

O eSocial é composto pelas informações fiscais, previdenciárias e trabalhistas que estão agrupadas em eventos. De acordo o MOS "tratam-se [sic] esses eventos de arquivos com informações dos declarantes, elaborados de acordo com uma estrutura específica e pré-determinada" (Brasil, 2021a, p. 21).

Os eventos são divididos em tabelas, eventos periódicos e não periódicos. Cada um apresenta um leiaute específico; o conjunto desses leiautes, com seus anexos, constitui o eSocial. Tais eventos não podem ser alterados pela empresa ou pelos desenvolvedores de programas de folha de pagamento.

Os primeiros eventos enviados pelos contribuintes são os chamados *eventos de tabelas*, que consistem em um grupo de informações que contém dados básicos, como a classificação fiscal e da estrutura administrativa que identifica o declarante.

Os eventos estão divididos em: cadastro do empregador/órgão público e tabelas do empregador; eventos de tabelas, validades de informações do empregador e tabelas do empregador; eventos não periódicos. Veremos a descrição de cada um desses eventos a seguir.

O **cadastro do empregador/órgão público e tabelas de empregador** consiste nas informações relacionadas à identificação do empregador pessoa física e jurídica, bem como do órgão público, inclusive de suas filiais e estabelecimento e de obras de construção civil. Já as informações relativas às tabelas do empregador são necessárias para validação dos eventos do eSocial, por exemplo, as rubricas de folha de pagamento, as informações de processos judiciais e administrativos, as lotações, os cargos e as funções. De acordo com as informações divulgadas pelo governo, esses eventos, e mesmo as tabelas, passarão por simplificação.

Os **eventos de tabelas, validades de informações do empregador e tabelas do empregador** se referem ao primeiro grupo de informações que deve ser enviado pelas empresas; são os eventos que irão identificar a empresa e incluem dados básicos quanto a sua classificação e a sua estrutura administrativa. Tais eventos validam os eventos não periódicos e periódicos que são enviados pelas empresas. São eventos que complementam a base nacional de dados do eSocial.

É importante frisar que a manutenção dessas tabelas, com atualizações constantes, é fundamental para a recepção dos eventos periódicos e não periódicos, bem como para a adequada apuração das contribuições. É fundamental que a empresa administre corretamente validade das informações, pois isso impactará diretamente nos demais eventos.

A base de dados no eSocial mantém as informações das tabelas de forma histórica, logo, não são permitidas informações conflitantes para um mesmo período.

Os **eventos não periódicos** são aqueles que não dispõem de uma data estabelecida para acontecer, por exemplo, admissão, demissão, alteração salarial, exposição do trabalhador a agentes nocivos, afastamentos por doenças, entre outros. O envio dessas informações respeitará as regras que asseguram os diretos dos trabalhadores, como no caso da admissão e do acidente de trabalho, ou, ainda, que possibilitam o recolhimento de contribuições e direitos que tenham prazos diferenciados, por exemplo, no desligamento de um trabalhador.

Existem também alguns eventos não periódicos sem prazos diferenciados (previstos em lei), portanto, eles deverão ser enviados antes do fechamento da folha de pagamento, com o objetivo de evitar inconsistências entre a folha de pagamento, os eventos de tabelas e os eventos não periódicos.

3.8 Conceito de evento trabalhista no eSocial

A doutrina trabalhista não estabelece um conceito para o que chamamos de *eventos trabalhistas para o eSocial*, porém, podemos estabelecer um conceito a partir do MOS (Brasil, 2021a). Para entendermos o funcionamento e a obrigatoriedade do cumprimento das informações por meio do sistema, precisamos compreender etimologicamente o que são os "eventos trabalhistas" na referida ferramenta.

Os eventos trabalhistas são todas as situações que ocorrem durante o contrato de trabalho no decorrer dos dias, meses e anos. Por exemplo, um empregado admitido tem seu salário alterado em virtude de promoções, alterações de cargos ou até por motivo de reajuste sindical (piso definido pelo sindicato) ocorridos no decorrer de suas atividades.

Podemos afirmar também que os eventos são aqueles cuja ocorrência está vinculada ao trabalhador (fatos vinculados ao contrato de trabalho). Outros eventos estão ligados diretamente ao empregador, como os eventos de exames obrigatórios. Para uma melhor compreensão, trazemos uma relação de eventos que deverão ser cumpridos pelo empregador:

- **Exames obrigatórios** – o Programa de Controle Médico de Saúde Ocupacional (PCMSO) é regulamentado pela Norma Regulamentadora (NR) n. 07, de 22 de outubro de 2020 (Brasil, 2020c) e tem como objetivo cuidar da saúde do trabalhador. Esse programa é de responsabilidade total do empregador, ou seja, sem qualquer ônus para o empregado. Se trata de um evento que é de responsabilidade do empregador. O empregador deverá realizar os seguintes exames de forma obrigatória:
  - admissional;
  - periódico;
  - de retorno ao trabalho;
  - de mudança de função;
  - demissional.
- **Emissão de CAT** – Deverá ser informado quando da ocorrência de acidente típico (aquele que ocorra durante a jornada de trabalho), acidente de trajeto e doença profissional. Mesmo que o acidente esteja vinculado ao trabalhador, a obrigatoriedade da emissão da CAT é do empregador.

De acordo com a Lei n. 8.213, de 24 de julho de 1991 (Brasil, 1991b), art. 22, a CAT deverá ser emitida até

> Art. 22. [...] o primeiro dia útil seguinte ao da ocorrência e, em caso de morte, de imediato, à autoridade competente, sob pena de multa variável entre o limite mínimo e o limite máximo do salário de contribuição, sucessivamente aumentada nas reincidências, aplicada e cobrada pela Previdência Social.

Muito embora a legislação previdenciária estabeleça que cabe ao empregador a ocorrência do acidente de trabalho, também está autorizada a realização da emissão da CAT pelo próprio acidentado, por seus dependentes, pela entidade sindical competente, pelo médico que assistiu o trabalhador ou por qualquer autoridade pública, não prevalecendo nesses casos o prazo previsto nesse artigo citado.

Portanto, podemos concluir que, para o eSocial, os eventos trabalhistas são todos aqueles que impactam diretamente na relação de trabalho e estão relacionados com as mais diversas obrigações previstas na legislação vigente.

3.9 Arquitetura do eSocial

A estrutura adotada pelos desenvolvedores do eSocial segue a mesma estrutura das declarações que compõem o Sped, como a Nota Fiscal Eletrônica (NFE), o EFD-Reinf e a DCTF-Web.

As informações trabalhistas devem ser entregues por meio de um arquivo no formato Extensible Markup Language (XML), que irá compilar as informações previstas nos leiautes de cada evento. Como vimos, o eSocial não é um programa e sim um leiaute. Vejamos o que o MOS diz a respeito:

> O eSocial não funciona por meio de um Programa offline Gerador de Declaração – PGD ou Validador e Assinador – PVA, ou seja, não possui um aplicativo para download no ambiente do declarante que importe o arquivo e faça as validações antes de transmitir.
> O arquivo pode ser gerado e enviado por diversos caminhos (procEmi). Para os declarantes em geral, os mais comuns são:
> a) Pelo sistema de propriedade do declarante ou contratado de terceiros, assinado digitalmente (obrigatoriamente com utilização de certificado digital) e transmitido ao eSocial por meio de WSWebservice, recebendo um recibo de entrega (comprovante). Esse caminho é o que consta nos leiautes como procEmi = 1;
> b) Diretamente no Portal do eSocial na internet – https://www.gov.br/esocial/, cujo preenchimento e salvamento dos campos e telas já operam a geração e transmissão do evento. Nessa hipótese, pode ser utilizado certificado digital ou, para os dispensados de ter esse certificado, o código de acesso. Nos leiautes esse caminho consta como procEmi = 3; (Brasil, 2021a, p. 14)

De acordo com o MOS, o eSocial é composto por duas espécies de ambientes. Vejamos a descrição trazida para cada um deles:

> a) Produção – Ambiente destinado para processamento e apuração das informações do empregador que produz todos os efeitos jurídicos.
> b) Produção restrita – Ambiente de teste no qual as informações do empregador não serão validadas com os sistemas externos e não produzirão efeitos jurídicos. (Brasil, 2021a, p. 10)

Quanto à lógica do sistema, "O eSocial foi concebido para transmitir informações agrupadas por meio de eventos, os quais devem ser encaminhados em uma sequência lógica" (Brasil, 2021a, p. 10).

Essa sequência a ser observada conduz ao conceito de "empilhamento", de modo que as informações transmitidas nos eventos iniciais são usadas nos eventos seguintes e para se alterar um dado de evento antigo há que se verificar as consequências/repercussões nos eventos posteriores (Brasil, 2021, p. 10).

Precisamos entender que ele foi concebido para enviar informações de modo agrupado por meio dos eventos e, para que isso ocorra, tais informações precisam ser enviadas considerando uma sequência lógica. Essa sequência lógica deverá respeitar a dinâmica das contratações dos empregados pela empresa, ou seja, desde a admissão (dados do contrato de trabalho, gestão dos serviços prestados, pagamento das remunerações, afastamentos) até o final do contrato (rescisão contratual).

Como vimos, a sequência de informações conduz ao conceito de empilhamento de informações no eSocial. Qualquer informação enviada fora dessa cronologia de encadeamento de eventos, quando necessário o envio fora do prazo, deve respeitar as regras para o envio de eventos extemporâneos. A forma de envio é prevista no MOS, item 16 – "Tratamento das inconsistências geradas pelo envio extemporâneo de eventos" – do Capítulo I (Brasil, 2021a, p. 10).

3.9.1 Transmissão de dados

Seguindo o envio dos eventos numa sequência cronológica, os dados no eSocial não podem ser enviados de maneira desordenada. Em primeiro lugar, o contribuinte enviará os eventos (tabelas) que o identificaram no sistema para depois enviar os dados referentes aos vínculos empregatícios e folha de pagamento.

Portanto, vejamos a sequência que as informações deverão ser enviadas:

- Eventos relativos à identificação do empregador/contribuinte/órgão público – esses eventos fazem parte dos eventos iniciais, sendo sempre enviados antes de qualquer outra informação. Em regra, a empresa os transmite uma vez, sendo enviados novamente somente se existir alguma alteração nos dados da empresa, nas alíquotas de recolhimento, entre outros.
- Eventos de tabelas – são aqueles utilizados como base para os eventos iniciais, periódicos e não periódicos; como regra, serão enviados logo após os dados do empregador. Alguns exemplos: tabelas de rubricas, de cargos e salários, de funções, entre outras (respeitando sempre a última versão do sistema). Como vimos, o eSocial passou por um processo de simplificação das informações em que muitos eventos foram retirados do leiaute.
- Eventos não periódicos e periódicos – depois das informações referentes as duas etapas anteriores, temos os eventos não periódicos (admissões, desligamentos, afastamentos etc.) e, por último, as informações previstas nos eventos periódicos que são compostos pelos eventos de folha de pagamento. Vejamos a seguinte ilustração extraída do MOS de 2019:

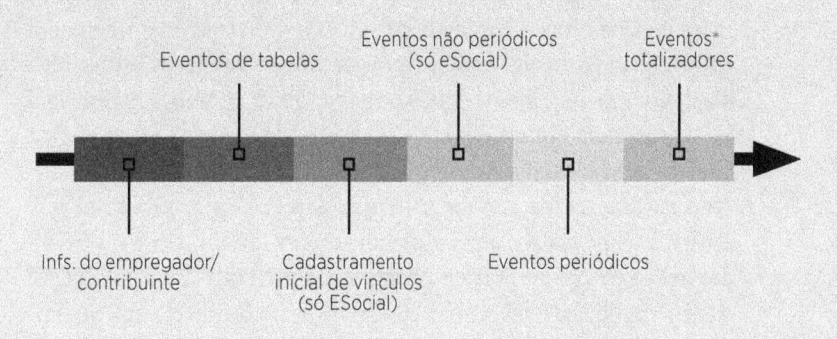

Figura 3.1 – Sequenciamento dos eventos no eSocial

- Eventos de tabelas
- Eventos não periódicos (só eSocial)
- Eventos* totalizadores
- Infs. do empregador/contribuinte
- Cadastramento inicial de vínculos (só ESocial)
- Eventos periódicos

* Gerados pelo governo a partir dos eventos enviados pelo contribuinte
Consolidam os tributos e se integram com a DCTF

Fonte: Brasil, 2019a, p. 31.

Indicamos, também, os exemplos extraídos do MOS para uma maior compreensão:

> Exemplo 1 – Ao enviar as informações de remuneração dos trabalhadores/servidores (folha de pagamento), as rubricas da folha devem constar da tabela de rubricas.
> Exemplo 2 – Ao transmitir um arquivo com informações de alteração de dados cadastrais de um determinado empregado, este deve constar do RET como empregado ativo. Para constar no RET, há necessidade de ter sido transmitido previamente o evento de "Cadastramento Inicial do Vínculo de Admissão/Ingresso do Trabalhador".
> Exemplo 3 – Ao enviar a remuneração de determinado empregado na folha de pagamento, este trabalhador já deve constar do RET. (Brasil, 2021a, p. 31-32)

Após a transmissão das informações, o eSocial disponibilizará um recibo de entrega dos eventos que deverá ser muito bem guardado pelo contribuinte, para comprovar que a remessa de determinada informação foi realizada ao sistema. O controle da entrega dos eventos faz parte de uma efetiva gestão dos recursos humanos e das informações já entregues ao governo. O recibo também será utilizado para obter cópia de determinado evento, para retificações e exclusões, quando for o caso.

É importante reforçarmos a informação de que o eSocial não emitirá as guias para recolhimento previdenciário e do FGTS, como era praxe no Sistema Empresa de Recolhimento do FGTS e Informações à Previdência Social – Sefip (anterior ao eSocial). Os dados enviados serão recepcionados pela RFB e pela Caixa Econômica Federal para composição dos débitos.

A RFB, por meio da DCTFWeb (ambiente próprio), fará a apuração dos débitos tributários e a emissão das guias de recolhimento das contribuições previdenciárias e para terceiros. Existe previsão para emissão de guia para o imposto de renda referente às remunerações dos trabalhadores (Brasil, 2021a).

Para o recolhimento do FGTS, os dados serão recepcionados pela Caixa Econômica Federal, que estabelece a forma de recolhimento. Conforme MOS, existe um projeto paralelo em andamento denominado *Plataforma FGTS Digital*, até que seja disponibilizada essa ferramenta, o recolhimento do FGTS continua a ser feito mediante a geração da GFIP, no ambiente da Caixa Econômica Federal (Brasil, 2021a).

3.10 Acesso ao eSocial

O acesso ao módulo do ambiente do eSocial para envio das informações se dará de duas maneiras: 1) certificado digital; 2) código de acesso. Vejamos a diferença entre eles nos itens a seguir.

3.10.1 Certificado digital

O certificado digital deve seguir os padrões estabelecidos pela Infraestrutura de Chaves Públicas Brasileiras (ICP-Brasil), pertencendo à série "A", do tipo A1 ou A3. Temos a seguinte diferença entre eles:

> O certificado digital deverá ser do tipo A1 ou A3. Certificados digitais de tipo A1 ficam armazenados no próprio computador a partir do qual ele será utilizado. Certificados digitais do tipo A3 são armazenados em dispositivo portátil inviolável do tipo smart card ou token, que possuem um chip com capacidade de realizar a assinatura digital. Este tipo de dispositivo é bastante seguro, pois toda operação é realizada pelo chip existente no dispositivo, sem qualquer acesso externo à chave privada do certificado digital. (Brasil, 2019a, p. 28)

Poderão ser utilizados certificados do tipo eletrônico, e-CPF e e-PF ou e-CNPJ (Cadastro Nacional da Pessoa Jurídica) e e-PJ. Conceitualmente, o certificado digital é:

> basicamente um arquivo eletrônico que funciona como se fosse uma assinatura digital, com validade jurídica, e que garante proteção às transações eletrônicas e outros serviços via internet, identificando o responsável pelo ato. Para sua utilização no sistema eSocial o certificado deve ser emitido por Autoridade Certificadora credenciada pela Infraestrutura de Chaves Públicas Brasileira – ICP-Brasil, e ser do tipo A1 ou A3. (Brasil, 2021a, p. 17)

O certificado será utilizado para a assinatura dos documentos por qualquer estabelecimento de quem está declarando ou, ainda, o procurador do declarante.

Na utilização do certificado para assinatura de documentos pelo empregador pessoa jurídica, nas hipóteses em que a empresa possui matriz e filiais, o certificado deverá pertencer à matriz, ao representante legal dela. Outra possibilidade será a de um certificado do procurador ou substabelecido e, para a utilização desse certificado, a empresa deverá outorgar poderes por meio de procuração eletrônica e não eletrônica.

As declarações enviadas pelo empregador pessoa física serão geradas pelo próprio declarante, seu procurador ou, ainda, pelo procurador substabelecido para esse fim, desde que possua procuração eletrônica e não eletrônica.

Para os órgãos públicos, os eventos serão gerados e enviados pelo representante autorizado para efetuar a transmissão das respectivas unidades administrativas (Brasil, 2021a).

Quanto à procuração que poderá ser outorgada para um representante, o MOS nos diz:

> Quando uma pessoa (física ou jurídica) pratica atos em nome de outra, o faz por meio de procuração: quem assina é o procurador, representando o outorgante, com o dever de praticar os atos em seu interesse, restritos ao objeto da outorga, sob pena de responsabilidade. Em se tratando de transações no mundo digital, para esta situação, existe a figura da procuração eletrônica. (Brasil, 2021a, p. 17-18)

Informações a respeito do certificado digital e suas regras de emissão podem ser encontrados no *site* da Receita Federal do Brasil (Brasil, 2021f). Cumpre ressaltar que são aceitas apenas procurações eletrônicas outorgadas perante a RFB.

3.10.2 Código de acesso

Outra forma de acesso à base de dados do eSocial é por meio do código de acesso, que somente poderá ser utilizado por:

- segurado especial;
- MEI com empregado;
- empregador doméstico;
- ME e EPP, optantes pelo Simples Nacional, com apenas um empregado – nessa contagem não são incluídos os empregados afastados em razão de aposentadoria por invalidez.

A utilização do código de acesso é exclusiva para os módulos *web*. Logo, se não forem utilizados os módulos *web* e sim um sistema de folha de pagamento para importação dos eventos, o declarante deverá utilizar o certificado digital, obrigatoriamente.

Ainda sobre o código de acesso, é importante destacar que tal utilização destina-se apenas aos declarantes listados anteriormente; para os demais, o certificado digital é obrigatório.

Para o cadastro do código de acesso serão necessários os seguintes dados:

a. registro do número do CPF;
b. data de nascimento;
c. número dos recibos da Declaração do Imposto de Renda pessoa Física (DIRPF) dos dois últimos exercícios;
d. título de eleitor – nos casos em que a pessoa não disponha das DIRPFs mencionadas.

Na inexistência da DIRPF e do título de eleitor, o acesso ao portal do eSocial somente será possível por meio do Certificado Digital. Cabe lembrar que não é possível o envio das informações por procurador quando o empregador possuir apenas o código de acesso.

3.11 Identificadores

Para o envio das informações (eventos) os declarantes serão identificados no eSocial ou pelo CNPJ ou pelo CPF.

3.11.1 Empregador

Como vimos, toda pessoa física ou jurídica, bem como todos os contribuintes e órgãos públicos que admitirem ou contratarem, mesmo que autonomamente, trabalhadores para prestação de serviços, estarão obrigados ao envio das informações sobre o vínculo empregatício ou referente à prestação de serviços ao eSocial.

Os empregadores, contribuintes e órgãos públicos (pessoa jurídica) serão identificados apenas pelo CNPJ raiz e os empregadores/contribuintes pessoa física, apenas pelo CPF.

Segundo o MOS, o identificador-chave para empresas em geral será o "CNPJ-Raiz/Base de oito posições, exceto se a natureza jurídica for de administração pública federal, situação em que o campo deve ser preenchido com o CNPJ completo com 14 posições" (Brasil, 2021a, p. 11).

3.11.2 Cadastro de Atividades Econômicas da Pessoa Física (CAEPF)

Os empregadores pessoa física, ou seja, aqueles que exercem atividade econômica, deverão obrigatoriamente utilizar o CAEPF, que sempre estará vinculado ao CPF.

De acordo com a Instrução Normativa n. 1.828, de 10 de setembro de 2018 (Brasil, 2018c), art. 2º, a pessoa física poderá realizar esse cadastro para exercer as suas atividades econômicas, desde que tal atividade seja dispensada da constituição de um CNPJ:

> Art. 2º. O CAEPF é o cadastro da Secretaria da Receita Federal do Brasil (RFB) com informações das atividades econômicas exercidas pela pessoa física, quando dispensadas de inscrição no Cadastro Nacional da Pessoa Jurídica (CNPJ).

Somente poderão cadastrar-se no CAEPF, nos termos do art. 4º da Instrução Normativa n. 1.828/2018, as seguintes pessoas físicas:

> Art. 4º Estão obrigadas a inscrever-se no CAEPF as pessoas físicas que exercem atividade econômica como:

I – contribuinte individual, observado o disposto na Lei nº 8.212, de 24 de julho de 1991, e na Instrução Normativa RFB nº 971, de 13 de novembro de 2009:
a) que possua segurado que lhe preste serviço;
b) produtor rural cuja atividade constitua fato gerador da contribuição previdenciária;
c) titular de cartório, caso em que a matrícula será emitida no nome do titular, ainda que a respectiva serventia seja registrada no CNPJ; (Redação dada pelo(a) Instrução Normativa RFB nº 1907, de 14 de agosto de 2019)
d) pessoa física não produtor rural que adquire produção rural para venda, no varejo, a consumidor pessoa física, nos termos do inciso II do § 7º do art. 200 do Decreto nº 3.048, de 6 de maio de 1999 – Regulamento da Previdência Social (RPS); e (Redação dada pelo(a) Instrução Normativa RFB nº 1907, de 14 de agosto de 2019)
e) perito aduaneiro. (Incluído(a) pelo(a) Instrução Normativa RFB nº 1907, de 14 de agosto de 2019)
II – segurado especial; e
III – equiparado à empresa desobrigado da inscrição no CNPJ e que não se enquadre nos incisos I e II.

A inscrição no CAEPF poderá ser realizada no portal do Centro Virtual de Atendimento ao Contribuinte (eCAC – Brasil, 2021g) ou diretamente nas unidades de atendimento da RFB. A inscrição poderá ser realizada em ofício por decisão administrativa ou por determinação judicial. O prazo para inscrição é de 30 dias contado do início da atividade econômica exercida pela pessoa física.
É importante mencionar que o novo MOS traz esclarecimentos específicos, quanto à obrigatoriedade da utilização do CAEPF e do CNPJ para identificador o declarante.

3.11.3 Obras de construção civil

Outra alteração significativa foi a substituição da matrícula CEI pelo Cadastro Nacional de Obras (CNO) para os casos de obra de construção civil.
Com essa nova regra, as obras iniciadas antes da vigência do eSocial e que ainda estavam em curso no início da implantação foram

migradas para a base nacional do CNO sem qualquer alteração na sua numeração.

A legislação considera, como obra de construção civil, não apenas a "obra nova" que corresponde à construção de casa, edifício e outras estruturas, mas também são considerados como obra a demolição, a reforma, a ampliação de edificações ou qualquer outra benfeitoria agregada ao solo ou ao subsolo (anexo VII da Instrução Normativa n. 971, de 13 de novembro de 2009 – Brasil, 2009).

A Instrução Normativa n. 1.845, de 22 de novembro de 2018 (Brasil, 2018d), regulamentou a emissão do CNO, que deverá ser realizada no prazo de 30 dias contado do início das atividades. A não inscrição dentro do prazo sujeitará o responsável à multa.

Portanto, deverão utilizar a inscrição no CNO, nos termos da Instrução Normativa n. 1.845/2018:

> Art. 7º São responsáveis pela inscrição no CNO:
> I – o proprietário do imóvel, o dono da obra, inclusive o representante de construção em nome coletivo ou o incorporador de construção civil, pessoa física ou pessoa jurídica;
> II – a pessoa jurídica construtora, quando contratada para execução de obra por empreitada total;
> III – a sociedade líder do consórcio, no caso de contrato para execução de obra de construção civil mediante empreitada total celebrado em nome das sociedades consorciadas; e
> IV – o consórcio, no caso de contrato para execução de obra de construção civil mediante empreitada total celebrado em seu nome.
> § 1º Na contratação de empreitada parcial a inscrição será de responsabilidade do contratante.
> § 2º Nos contratos em que a pessoa jurídica contratada não seja construtora, assim definida no inciso XIX do caput do art. 322 da Instrução Normativa RFB n. 971, de 2009, ainda que execute toda a obra, a inscrição será de responsabilidade do contratante.
> § 3º Na hipótese de contratação de cooperativa de trabalho para a execução de toda a obra, o responsável pela inscrição da obra será o contratante da cooperativa.

Para os casos em que a empresa é responsável pela obra, a inscrição do CNO estará vinculada ao estabelecimento da matriz do responsável pela obra. Nesse caso, a empresa (matriz) fará as informações com o seu identificador (CNPJ) e as informações da obra com o CNO.

O processo de inscrição poderá ser realizado por meio do *site* da RFB (Brasil, 2021f) ou diretamente nas unidades de atendimento.

3.11.4 Trabalhador

O conceito aplicado pelo eSocial indica que trabalhador "compreende toda pessoa física inserida em uma relação de trabalho, inclusive de natureza administrativa, como os empregados, os servidores públicos, os militares e os trabalhadores sem vínculo de emprego ou estatutário – TSVE" (Brasil, 2021a, p. 11).

Antes da última versão do eSocial, divulgada em 2021 (Brasil, 2021a), o trabalhador era identificado por meio do CPF, do Número de Identificação Social (NIS), do Número de Inscrição do Trabalhador (NIT), do Programa de Integração Social/Programa de Formação do Patrimônio do Servidor Público (PIS/Pasep). A partir de meados de 2020, o CPF passou a ser o único identificador do trabalhador no eSocial.

3.12 Qualificação cadastral

A qualificação cadastral consiste em realizar uma busca dos dados dos trabalhadores, por meio do cruzamento de nome, data de nascimento, NIT e CPF, pois, para que as informações sejam devidamente prestadas ao eSocial, é necessário que os dados sejam consistentes.

De acordo com o MOS (Brasil, 2021a, p. 12), qualquer inconsistência dos dados do trabalhador impossibilita o envio dos eventos S-2190, S-2200, S-2205, S-2300, S-2400 ou S-2405[3].

Para facilitar a verificação dos dados e prevenir a rejeição dos dados dos trabalhadores, foi possibilitado ao empregador, no portal do eSocial, realizar a verificação dos dados.

A consulta será realizada pelos empregadores com o cruzamento de alguns dados básicos do trabalhador:

- nome cívil do trabalhador;
- número do CPF – caso o trabalhador não tenha CPF, deverá se dirigir a RFB ou, ainda, acessar o *site* desse órgão, para realização da inscrição;
- data de nascimento;
- NIS – também pode ser denominado NIT, PIS/Pasep, mas se trata de um único número.

A qualificação cadastral poderá ser realizada de duas maneiras:

1. **On-line** – permite a pesquisa diretamente no portal do eSocial, informando os dados do trabalhador[4];
2. **Lotes** – consiste no envio de um arquivo de entrada, no formato "TXT" (texto), ao eSocial. Esse tipo de consulta será possível somente por meio do uso de certificado digital. Após o envio do arquivo, o pedido de verificação será processado em até 48 horas, ficando disponível para o empregador pelo período de 30 dias por meio do botão *"download"*.

---

3 S-2190 - Registro Preliminar de Trabalhador; S-2200 - Cadastramento inicial do vínculo e admissão/ingresso de trabalhador, S-2205 - alteração de dados cadastrais do trabalhador; S-2300 - trabalhador sem vínculo de emprego/estatutário - início; S-2400 - cadastro de beneficiários - entes públicos; S-2405 - alteração de dados cadastrais do beneficiário - entes públicos.

4 Consulta cadastral *on-line* (ESocial, Brasil, 2021b).

3.12.1 Validação dos dados pela qualificação cadastral

A consulta dos dados do trabalhador por meio da qualificação cadastral valida os dados do trabalhador. Na base de dados do Cadastro Nacional de Informações Sociais (CNIS) serão verificados a data de nascimento, o número do CPF e o número do CNIS.

Muitas dúvidas surgiram no decorrer da implantação do eSocial em relação a quando o trabalhador possui o nome civil, mas também o nome social. Nesse caso, o MOS nos traz o procedimento a ser adotado pelos empregadores:

> O nome do trabalhador a ser utilizado deve ser o seu nome civil, mesmo que o nome social já tenha sido atualizado na base do CPF, considerando que quando da consulta cadastral, a validação do nome é realizada na base do CPF que retorna sempre o nome civil do trabalhador. Somente nas situações em que houver retificação/substituição judicial do nome civil é que o novo nome deve ser utilizado na consulta qualificação cadastral. (Brasil, 2021a, p. 12)

Se, ao consultar os dados do trabalhador, não houver incorreção, o sistema informará que o cadastro do trabalhador está de acordo com as bases de dados consultadas. Agora, existindo incorreções, o sistema sinalizará o erro encontrado e indicará a qual órgão o trabalhador deverá se dirigir para as devidas retificações.

Cumpre ressaltar que esse procedimento não é necessário para o estagiário, uma vez que o sistema somente solicitará o CPF do estudante.

Para os empregados afastados antes da vigência do eSocial, a qualificação cadastral não será obrigatória, conforme regras estabelecidas no leiaute do eSocial.

3.13 Carga inicial dos dados: eventos iniciais e de tabelas

Após a realização da qualificação cadastral e após ter sido realizado o cadastramento da empresa no eSocial, a partir do envio dos primeiros eventos, chega o momento de informar os dados dos trabalhadores. Hoje, a maioria das empresas se utiliza de sistema de folha de pagamento devidamente adaptado aos leiautes do eSocial. Entretanto, o declarante poderá se utilizar dos meios disponíveis para o envio nos termos previstos pela escrituração.

Os primeiros eventos enviados são os classificados como *iniciais*, que são basicamente as informações prestadas pelo empregador. Tais eventos devem ser enviados antes de qualquer outra informação.

Os eventos de tabelas informam como a empresa está estruturada, ou seja, são utilizados nos demais eventos iniciais, assim como os eventos periódicos e não periódicos.

Os eventos iniciais com informações do empregador são: tabelas de estabelecimentos (S-1005), rubricas da folha de pagamento (S-1010), lotações tributárias (S-1020) e informações de processos administrativos e judiciais (S-1070).

Após os eventos iniciais e de tabelas, o declarante irá enviar os eventos não periódicos, que consistem, por exemplo, nos dados dos contratos de trabalho existentes. E, por último, são enviadas as informações relativas aos eventos periódicos.

Vejamos um pouco mais sobre esses eventos:

- **S-1000 (informações do empregador/contribuinte/órgão público)** – trata-se do primeiro evento a ser informado pelo declarante. São informados os dados cadastrais e outros dados necessários para a validação dos demais eventos, que influenciarão diretamente na apuração correta das contribuições previdenciárias e devidas ao FGTS. São elas:

- classificação tributária;
- indicativo de desoneração da folha de pagamento;
- isenções para entidades beneficentes de assistência social;
- acordos internacionais para isenção de multas;
- situação da empresa (normal, extinção, fusão, cisão ou incorporação);
- cooperativa de trabalho;
- construtoras;
- opção pelo registro eletrônico de empregados;
- processos judiciais e administrativo, entre outras.

Esse é o primeiro evento a ser enviado ao eSocial. Caso ocorram alterações nos dados ao longo do tempo, o empregador deverá fazer o reenvio, informando novos dados. É importante mencionar que o preenchimento correto desse evento norteará os recolhimentos da empresa.

O MOS (Brasil, 2021a) traz informações específicas para a informação desse evento para entidades beneficentes de assistência social, produtor rural, sociedade que mantém equipe de futebol profissional, órgãos públicos, entre outros. Por isso, a verificação do MOS atualizado se faz necessária de forma periódica.

- **S-1005 (tabela de estabelecimentos, obras ou unidades de órgãos públicos)** – esse evento indicará todos os estabelecimentos da empresa, as obras de construção civil próprias, com o detalhamento dos dados de cada estabelecimento. Por exemplo:
  - Classificação Nacional de Atividades Econômicas (CNAE);
  - Fator Acidentário Previdenciário (FAP);
  - Alíquota RAT/SAT (Riscos Ambientais do Trabalho/ Seguro Acidente de Trabalho);
  - indicativos de substituição de cota patronal;
  - informações de cada aprendiz, inclusive a inclusão dos dados das entidades educativas;
  - informação sobre contratação de pessoa com deficiência;
  - CAEPF – para as pessoas físicas com atividade econômica.

Todas essas informações serão utilizadas para a apuração das contribuições previdenciárias de cada estabelecimento, obra, ou ainda, CAEPF (utilizado para folha de pagamento de pessoa física).

Para as empresas em geral, a informação é realizada pelo estabelecimento matriz para correta informação do CNAE preponderante. Já para os órgãos públicos, a informação será prestada de forma individualizada por CNPJ, como estabelecimento.

Esse evento deverá ser enviado toda vez que for criado um novo estabelecimento, uma obra ou, ainda, quando ocorrer qualquer alteração nos dados já informados.

O empregador deverá enviar esse evento antes do cadastramento dos vínculos (S-2200) e do evento sobre a remuneração do trabalhador (S-1200).

- **S-1010 (tabela de rubricas)** – aqui começam os eventos de tabelas, que consistem nas informações referentes às rubricas existentes na folha de pagamento da empresa. Essas informações serão utilizadas para validação do evento de remuneração dos trabalhadores.

Esse evento é utilizado para inclusão, alteração e exclusão de registros na tabela de rubricas do declarante. Como pré-requisito para o envio dessa tabela, o declarante já deverá ter prestado as informações do evento S-1000 e o envio do evento S-1070, nos casos de existência de processo administrativo ou judicial que altera as incidências das contribuições previdenciárias e/ou do FGTS.

É importante mencionar que o declarante poderá utilizar as nomenclaturas já utilizadas na sua folha de pagamento (sua própria tabela de rubricas). O eSocial faz uma "correlação destas com as constantes da 'Tabela 3 – Natureza das Rubricas da Folha de Pagamento' do eSocial" (Brasil, 2021a, p. 73).

- **S-1020 (tabela de lotações tributárias)** – os dados informados nesse evento identificam a classificação da atividade para fins de atribuição do código FPAS (Fundo da Previdência e

Assistência Social), a obra de construção civil, a contratante de serviço ou outra condição diferenciada de tributação, que ocorre quando determinada unidade da empresa possui código de FPAS/Outras Entidades e Fundos Distintos.

O S-1020 se trata de evento com conceito tributário; tem influência no método de cálculo da contribuição previdenciária para um grupo de segurados. Esse evento deverá ser enviado quando for criada, alterada ou excluída determinada lotação. Demais características desse evento, com suas especificações, devem ser consultadas no MOS.

- **S-1070 (Tabela de processos administrativos/judiciais)** – evento utilizado para inclusão, alteração e exclusão de registros de processos administrativos e judiciais vinculados ao declarante. A obrigatoriedade do envio desse evento está vinculada à existência de processo administrativo e judicial. Assim, se não houver processos contra o declarante, não existe obrigação de envio desse evento.
A transmissão deverá ser realizada até o dia 15 da competência seguinte ao do mês de referência e o envio do evento S-1000 é pré-requisito.

3.14 Eventos não periódicos

Os eventos não periódicos são aqueles que não possuem uma data pré-estabelecida para ocorrerem, como novas admissões, rescisões de contrato de trabalho e afastamentos.

Para o envio desses eventos será necessário observar os prazos previstos no MOS. É importante mencionar que o evento que não tiver um prazo específico para envio deverá ser enviado antes do fechamento da folha de pagamento (eventos periódicos) para que não ocorram inconsistências.

Vejamos a seguir quais são esses eventos não periódicos:

- **S-2190 (registro preliminar de trabalhador)** – esse evento é utilizado de forma opcional, ou seja, somente quando o empregador não possui todos os dados do empregado para o envio do evento S-2200.

O envio do evento deve ocorrer até o final do dia imediatamente anterior ao do início da prestação do serviço pelo trabalhador admitido. Cumpre destacar que a utilização desse evento não dispensa o empregador do evento S-2200, uma vez que somente no evento S-2200 serão prestadas todas as informações relativas ao novo vínculo. Para envio desse evento o pré-requisito é o envio do evento S-1000.

- **S-2200 (Cadastramento inicial do vínculo e admissão/ingresso de trabalhador)** – nesse evento o empregador registra a admissão do empregado. A administração pública utiliza os dados para informar o ingresso de servidores estatutários. Esse evento é utilizado para a inclusão de todos os vínculos ativos no início da implantação do eSocial.

Todas as informações prestadas por meio do evento S-2200 servem de base para a construção do Registro de Eventos Trabalhistas (RET), que é utilizado para validação dos eventos de folha de pagamento e demais eventos enviados posteriormente (Brasil, 2021a). O MOS estabelece alguns prazos específicos de envio que transcrevemos na íntegra para uma melhor compreensão:

> a) para empregados, o prazo é até o dia imediatamente anterior ao do início da prestação dos serviços. No caso de admissão por transferência, ou se o declarante fizer a opção de enviar as informações preliminares de admissão por meio do evento S-2190, o prazo de envio do evento S-2200 é até o dia 15 (quinze) do mês subsequente ao da sua ocorrência, ou antes da transmissão de qualquer outro evento não periódico relativo a esse empregado;
> b) para servidores estatutários, o prazo é até o dia 15 (quinze) do mês subsequente ao da entrada em exercício, independentemente do regime previdenciário ao qual ele esteja vinculado, ou antes da

transmissão de qualquer outro evento não periódico relativo a esse servidor.
Observação: devem ser observadas as regras contidas nos itens 20.1 e 20.2 do capítulo I deste Manual para o cadastramento inicial e informação de vínculos iniciados entre o início da obrigatoriedade dos eventos não periódicos e o início da obrigatoriedade dos eventos periódico. (Brasil, 2021a, p. 161)

O eSocial está habilitado para recepcionar o evento S-2200 até 30 dias antes da data prevista da admissão, logo, a empresa tem tempo suficiente para organizar os processos de admissão com antecedência e evitar penalidades por erros ou informações fora do prazo.

Cumpre ressaltar que nesse evento não são recepcionadas as informações para os trabalhadores sem vínculo empregatício. Para esses casos, as prestações de serviços serão informadas por meio dos eventos S-2300 (Brasil, 2021a).

- **S-2205 (alteração de dados cadastrais do trabalhador)** – esse evento será utilizado quando existir a necessidade de alteração dos dados cadastrais do trabalhador, tais como endereço, documentação pessoal, escolaridade, estado civil, contato etc. Deverá ser enviado até o dia 15 do mês subsequente ao mês de referência.
- **S-2206 (alteração de contrato de trabalho/relação estatutária)** – esse evento será utilizado para registrar as alterações do contrato – por exemplo, remuneração, periodicidade de pagamento, duração do contrato, local de trabalho, cargo ou função e jornada.

Será utilizado por todo declarante em relação aos seus trabalhadores ou, ainda, pela empresa de trabalho temporário em relação ao trabalhador temporário cujo contrato de trabalho tenha sofrido alteração.

De acordo com o MOS, este evento deve ocorrer até o "dia 15 (quinze) do mês subsequente ao da competência informada no evento ou até o envio dos eventos mensais de folha de pagamento da competência em que ocorreu a alteração contratual quando essa alteração puder ter impacto nos totalizadores" (Brasil, 2021a, p. 176).

- **S-2210 (CAT)** – esse evento consiste na informação dos acidentes de trabalho para o eSocial.

A CAT, anteriormente emitida de forma manual ou, ainda, por meio do aplicativo disponibilizado pela Previdência Social, passa a ser enviada de forma eletrônica e vinculada ao eSocial.

O prazo para emissão da CAT está vinculado à Lei n. 8.213/1991, art. 22, que determina o registro dos acidentes de trabalho até o primeiro dia útil seguinte ao da ocorrência e, em caso de morte, de imediato.

Esse evento será utilizado por empregador, Órgão Gestor de Mão de obra (OGMO), sindicato de trabalhadores avulsos e órgãos públicos. Como pré-requisito, o eSocial requer o envio do evento S-2190 ou S-2200 para as empresas no geral.

- **S-2220 (monitoramento da saúde do trabalhador)** – consideramos o S-2020 um dos eventos mais importantes do eSocial e que abrangerá todas as informações relativas ao monitoramento da saúde do trabalhador (incluindo as avaliações clínicas). É constituído pelos exames clínicos do trabalhador, determinados pela NR-07 – PCMSO), ou seja, contempla as informações relativas ao Atestado de Saúde Ocupacional (ASO) efetuado para o trabalhador, tanto na admissão como na demissão e exames periódicos.

Atualmente, o prazo de envio do evento, nos termos do MOS é até o dia "até o dia 15 (quinze) do mês subsequente ao da realização do correspondente exame (ASO). Essa regra não altera o prazo legal para a realização dos exames, que deve seguir o previsto na legislação, sendo que somente o registro da informação no eSocial é permitido até o dia 15 (quinze) do mês subsequente" (Brasil, 2021a, p. 177).

- **S-2230 (afastamento temporário)** – esse evento abrange todos os afastamentos ocorridos na vida laboral do trabalhador, elencados na Tabela 18 (motivos de afastamento) do eSocial. Entre eles estão o afastamento por doença ou acidente de trabalho, a licença-maternidade, a licença-paternidade, as férias, entre outros.

Para o evento S-2230, há prazos específicos, conforme indicamos a seguir:

> a) Afastamento temporário ocasionado por acidente de trabalho ou doença decorrente do trabalho com duração não superior a 15 dias, deve ser enviado até o dia 15 (quinze) do mês subsequente da sua ocorrência.
> b) Afastamento temporário ocasionado por acidente de trabalho, acidente de qualquer natureza, ou doença com duração superior a 15 dias deve ser enviado até o 16º dia da sua ocorrência.
> c) Afastamentos temporários ocasionados pelo mesmo acidente ou doença não relacionados ao trabalho, que ocorrerem dentro do prazo de 60 dias e totalizarem, no somatório dos tempos, duração superior a 15 dias, independentemente da duração de cada afastamento, devem ser enviados, individualmente, até o dia em que são completados 16 dias de afastamento.
> d) Afastamento por acidente ou doença relacionados ou não ao trabalho, com qualquer duração, quando ocorrer dentro do prazo de 60 dias do retorno de afastamento anterior pela mesma doença, que tenha gerado recebimento de auxílio-doença, deve ser enviado no primeiro dia do novo afastamento.
> e) Afastamento por inatividade de trabalhador avulso, portuário ou não portuário, pelo código 34 da Tabela 18 deve ser enviado a partir do 91º dia de inatividade.
> f) Demais afastamentos devem ser enviados até o dia 15 (quinze) do mês subsequente ao da sua ocorrência.
> g) Términos de afastamento devem ser enviados até o dia 15 (quinze) do mês subsequente à competência em que ocorreu o retorno.
> h) Para os servidores de regime jurídico estatutário vinculados ao RPPS devem ser observados os prazos previstos na legislação específica. (Brasil, 2021a, p. 189)

Os prazos citados foram extraídos da última versão do MOS (Brasil, 2021a), portanto, é necessária atenção às alterações do sistema e das legislações que amparam a definição desses prazos.

No caso em tela, os prazos foram definidos com base no Regulamento da Previdência Social – Decreto n. 3.048, de 6 de maio de 1999 (Brasil, 1999), art. 75 e seguintes.

- **S-2240 (condições ambientais do trabalho/fatores de risco)** – esse evento é utilizado para declarar as condições de prestação de serviços, bem como informar a exposição aos fatores de risco e o exercício de labor descrito na Tabela 24 (fatores de risco e atividades – aposentadoria especial).

Todos os empregadores, as cooperativas, o OGMO, o sindicato de trabalhadores avulsos e órgãos públicos estão obrigados a informar esse evento. Uma exceção a essa obrigatoriedade está para os servidores vinculados ao RPPS, para os quais não existe obrigatoriedade na informação.

- **S-2250 (aviso prévio)** – antes da simplificação do eSocial havia a previsão do evento para informar o aviso prévio. A partir da Nota Orientativa n. 19, de agosto de 2019 (Brasil, 2019n), este evento deixa de ser obrigatório. Registra a comunicação do aviso prévio tanto pela empresa quanto pelo empregado.
- **S-2298 (reintegração)** – informa a reintegração do empregado nos casos de decisão da própria empresa ou, ainda, por decisão judicial. Visa, portanto, formalizar e informar ao eSocial os termos pré-pactuados de cada convocação para prestação de serviços.

Todo declarante que, por força de decisão judicial ou até administrativa, tiver de reativar um vínculo empregatício, deverá realizar essa informação. O prazo é até o dia 15 do mês seguinte ao da ocorrência do fato gerador.

- **S-2299 (desligamento)** – registra apenas as informações sobre o desligamento do trabalhador da empresa.

Esse evento também será informado nos casos de sucessão trabalhista, grupo econômico, transferência entre estabelecimentos.

Os dados deverão ser enviados até 10 dias após à data do desligamento. Nos demais casos, o prazo é até o dia 15 do mês seguinte à data do desligamento. O MOS estabelece regras para cada transição, por isso é importante que o empregador fique atento às alterações.

- **S-2300 (trabalhador sem vínculo de emprego/estatutário – início)** – evento destinado para informar as contratações de trabalhadores sem vínculo, como trabalhadores avulsos, diretor não empregado e dirigente sindical.

Vejamos a lista completa com os referidos códigos disponibilizados pelo MOS versão S-1.0.

Quadro 3.2 – Códigos de identificação dos trabalhadores

Código	Descrição
201	Trabalhador Avulso Portuário
202	Trabalhador Avulso Não Portuário
304	Servidor público exercente de mandato eletivo, inclusive com exercício de cargo em comissão
305	Servidor Público indicado para conselho ou órgão deliberativo, na condição de representante do governo, órgão ou entidade da administração pública
308	Conscritos
401	Dirigente Sindical – informação prestada pelo Sindicato
410	Trabalhador cedido/exercício em outro órgão/juiz auxiliar – Informação prestada pelo cessionário/destino
721	Contribuinte individual – Diretor não empregado, com FGTS
722	Contribuinte individual – Diretor não empregado, sem FGTS
723	Contribuinte individual – empresários, sócios e membro de conselho de administração ou fiscal
731	Contribuinte individual – Cooperado que presta serviços por intermédio de Cooperativa de Trabalho
734	Contribuinte individual – Transportador Cooperado que presta serviços por intermédio de cooperativa de trabalho

(continua)

(Quadro 3.2 - conclusão)

Código	Descrição
738	Contribuinte individual - Cooperado filiado a Cooperativa de Produção
761	Contribuinte individual - Associado eleito para direção de Cooperativa, associação ou entidade de classe de qualquer natureza ou finalidade, bem como o síndico ou administrador eleito para exercer atividade de direção condominial, desde que recebam remuneração
771	Contribuinte individual - Membro de conselho tutelar, nos termos da Lei nº 8.069, de 13 de julho de 1990
901	Estagiário
902	Médico Residente

Fonte: Brasil, 2021a, p. 216-217.

O prazo de envio do evento S-2300 é o dia 15 (quinze) do mês subsequente ao da sua ocorrência.

- **S-2306 (trabalhador sem vínculo de emprego/estatutário – alteração contratual)** – assim como há a previsão de um evento específico para alteração dos dados do contrato de trabalho para os empregados, o eSocial também prevê a possibilidade de alteração dos dados contratuais dos trabalhadores sem vínculo empregatício. Seguindo a regra geral de prazos, esse evento deve ser enviado até o dia 15 (quinze) do mês seguinte a alteração.
- **S-2399 (trabalhador sem vínculo de emprego/estatutário – término)** – esse evento é utilizado para informar o encerramento de contrato/prestação de serviço com o trabalhador sem vínculo empregatício. Está obrigado à utilização desse evento "o declarante que deixar de utilizar mão de obra de Trabalhador sem vínculo de emprego/estatuto, cujo envio da informação no evento S-2300 for obrigatório" (Brasil, 2021a, p. 226).

Quanto ao prazo de envio, no caso de encerramento de prestação de serviços do diretor não empregado, o prazo é de até 10 dias a contar da data do encerramento. Esse prazo é utilizado quando o encerramento do contrato gerar direito à movimentação do FGTS. Para os demais casos, o prazo é até o dia 15 do mês seguinte ao desligamento (Brasil, 2021a, p. 226).

Os eventos S-2400 (cadastro de benefícios previdenciários – RPPS), S-2410 (cadastro de benefícios – ente público), S-2416 (alteração do cadastro de benefícios – entes públicos), S-2418 (reativação de benefícios), são destinados exclusivamente aos órgãos públicos, por isso, não farão parte do nosso estudo.

3.15 Eventos periódicos

Os eventos periódicos são aqueles que são enviados conforme o tempo determinado pelo sistema – eventos que compõem a folha de pagamento e são enviados todos os meses. Trata-se de eventos que contêm as informações regulares da empresa e que serão base para o recolhimento das contribuições e do FGTS.

Veremos a partir de agora o evento S-1200, que é o principal evento da folha de pagamento, e alguns outros eventos que o eSocial rotula como obrigatórios. Esses eventos interagem com os eventos iniciais (tabelas) e com os eventos não periódicos já enviados pelas empresas.

O prazo do envio das informações da folha de pagamento no eSocial é até o dia 15 do mês seguinte ao do período de apuração, antecipando-se o vencimento para o dia útil imediatamente anterior.

Isso não quer dizer que o prazo de pagamento dos salários e de recolhimento tenha sido alterado pelo eSocial. O que temos aqui é apenas um prazo diferenciado (que o eSocial prevê para envio das informações à base nacional de informações).

No nosso tema de estudo vamos nos debruçar apenas sobre os eventos pertinentes à folha de pagamento do setor privado e, nesse caso, vamos ver o evento S-1200 que compõe a folha de pagamento:

- **S-1200 (remuneração de trabalhador vinculado ao Regime Geral de Previdência Social)** – evento destinado ao envio das informações pertinentes à rubrica de natureza remuneratória ou não para todos os trabalhadores, incluindo os estagiários e bolsistas, com exceção dos trabalhadores vinculados ao RPPS cuja informação será prestada por meio do evento S-1202.

O evento S-1200 será utilizado pelos empregadores e todos os declarantes com dados vinculados à folha de pagamento.

Inicialmente, o eSocial previa o dia 7 do mês subsequente ao de referência como prazo de envio das informações. Entretanto, com a modernização do eSocial e a última versão do MOS, o prazo de transmissão do evento é o dia 15 do mês subsequente ao mês de referência e sempre antes do envio do evento S-1299, "exceto o referente a período de apuração anual (13º salário, gratificação natalina etc), caso em que deve ser transmitido até o dia 20 (vinte) do mês de dezembro do ano a que se refere, ou antes do envio do correspondente evento S-1299" (Brasil, 2021a, p. 95).

Há também o evento **S-1210** (pagamentos de rendimentos do trabalho), que envia as informações referentes aos rendimentos do trabalhador com ou sem vinculado empregatício, identificando todos os pagamentos realizados no período, como retenções, férias e pensão.

Estão obrigados a essa informação todos os declarantes que efetuaram pagamento a trabalhadores, bem como entes públicos que efetuaram pagamentos de benefícios. O prazo de envio segue o prazo padrão do eSocial: até o dia 15 do mês subsequente ao mês de apuração.

Já o evento **S-1260** (comercialização da produção rural pessoa física) será utilizado pelo produtor rural pessoa física ou jurídica que vender sua produção de origem tanto animal como vegetal.

O evento **S-1270** (contratação de trabalhadores avulsos não portuários) envia informações sobre os tomadores de serviços de trabalhadores avulsos não portuários, ou seja, trabalhadores que, sindicalizados ou não, prestam serviços para diversas empresas. A responsabilidade de envio das informações é do próprio tomador.

O evento **S-1280** (informações complementares aos eventos periódicos) afeta diretamente o cálculo da contribuição previdenciária patronal sobre a folha de pagamento, em função da desoneração de folha de pagamento e atividades concomitantes dos optantes do Simples Nacional com tributação previdenciária substituída e não substituída. Esse evento não é aplicável às informações relativas aos servidores vinculados ao RPPS.

O evento denominado **S-1298** (reabertura dos eventos periódicos) somente é utilizado quando o contribuinte precisa realizar o envio de retificações ou novos eventos para um movimento já encerrado.

Já o evento **S-1299** (fechamento dos eventos periódicos) será utilizado assim que finalizada a transmissão dos eventos de folha. O empregador utilizará esse evento para realizar o fechamento dos eventos periódicos, no período de apuração.

3.16 Registro de Eventos Trabalhistas (RET)

O RET consiste em uma base nacional de dados composta pelos eventos não periódicos transmitidos pela empresa.

A base de dados do RET é utilizada para validar a folha de pagamento, composta pelos eventos de remuneração e pagamento (que fazem parte dos eventos periódicos – mensais).

Os eventos não periódicos somente serão aceitos se estiverem em concordância, ou seja, consistentes, com o RET. Por exemplo, o evento de desligamento de um empregado somente será aceito se, anteriormente, o empregador tiver enviado o evento de admissão.

Além das informações referentes aos trabalhadores "empregados", também alimentarão o RET os trabalhadores sem vínculo empregatício, sendo eles:

- os trabalhadores avulsos;
- os dirigentes sindicais;
- os estagiários;
- os servidores cedidos em relação ao órgão público cessionário;
- os contribuintes individuais, como diretores não empregados e cooperados, inclusive aqueles não abrangidos por essas categorias, podem ser incluídos como Trabalhadores Sem Vínculo de Emprego ou Estatutário (TSVE) de forma opcional.

Outro ponto importante está relacionado ao fechamento dos eventos periódicos (folha de pagamento), que somente será aceito se o empregador informar todos os empregados ativos relacionados no RET, com exceção dos trabalhadores afastados sem remuneração devida, cuja informação de afastamento foi devidamente realizada no evento próprio. Logo, para validação das informações, serão considerados apenas os trabalhadores ativos.

3.17 Modernização do eSocial

A modernização do sistema do eSocial iniciou-se em meados de 2019, por meio da Nota Técnica n. 15, publicada em 2 de agosto de 2019 (Brasil, 2019f), que já propôs alterações à versão 2.5 do leiaute.

Com o passar do tempo, houve uma alteração significativa do leiaute e muitos eventos foram excluídos e outros deixarão de ser obrigatórios.

A primeira mudança proposta é a alteração de diversos grupos e campos de OC (Obrigatórios na Condição) para F (Facultativos).

Como medida de modernização e simplificação, a Nota Orientativa n. 19/2019 tornou desnecessário o envio de alguns eventos, como:

- S-1300 – contribuição sindical patronal;
- S-2260 – convocação para trabalho intermitente;

- S-2250 – aviso prévio;
- S-1070 – tabela de processos administrativos/judiciais (**dispensada** quando a matéria do processo for autorização de trabalho de menor, dispensa de contratação de Pessoas com Deficiência – PCD – ou aprendiz, segurança e saúde no trabalho, conversão de licença saúde em acidente do trabalho; será **obrigatória apenas** quando a matéria do processo for tributária, FGTS ou contribuição sindical).

A mesma Nota Orientativa n. 19/2019 trouxe outras simplificações, por exemplo, na regra de afastamento, em que será possível realizar a informação antecipada do término do afastamento.

Uma segunda fase de simplificações e exclusões de dados repetitivos do leiaute se iniciou em 2019. A Nota Técnica n. 15/2019 trouxe as primeiras modificações/simplificações à versão 2.5 do leiaute do eSocial. Na sequência, houve a publicação da Nota Orientativa n. 19/2019, que dispensou o preenchimento de diversos eventos, tais como o evento S-1300, que tratava da contribuição sindical patronal, e o evento S-2250, que trazia as informações sobre o aviso prévio.

O processo de simplificação do eSocial continua em 2020 e, no início de 2021, a nova versão do eSocial é disponibilizada e tudo indica que aproximadamente 500 campos do leiaute foram suprimidos.

A versão atual (Brasil, 2021a), sobre a qual estamos desenvolvendo este estudo, trouxe alterações importantes e a redução significativa de dados:

1. campos considerados redundantes ou repetitivos foram eliminados;
2. eliminação da obrigatoriedade de informação do NIS – nesse caso, o trabalhador será identificado apenas pelo CPF;
3. eliminação do banco de horas – o controle de banco de horas deixou de ser informado no eSocial;
4. disponibilização de uma tabela de rubricas padrão que as empresas poderão optar por utilizar em vez de enviar o evento de rubricas S-1010;

5. uniformização dos prazos em que os eventos serão enviados, em regra, no dia 15 do mês subsequente ao de apuração ou escrituração – a exceção se aplica a eventos específicos, como é o caso da informação da CAT, que deverá ocorrer até um dia após a ocorrência do acidente;
6. simplificação dos eventos de folha S-1200 e S-1210;
7. simplificação dos eventos de segurança e saúde no trabalho, entre outras simplificações.

Essas alterações são visíveis quando realizada a leitura no MOS, o que permite ao empregador, com base nesse último leiaute, agilizar o envio das informações ao eSocial.

Vimos até agora como o eSocial é formado e os principais eventos do sistema, ligados às rotinas trabalhistas. A partir de agora, traremos considerações específicas para as rotinas trabalhistas de pequenas e grandes empresas.

ROTINAS TRABALHISTAS NO eSOCIAL

4

Todo processo de admissão inicia-se com a seleção do trabalhador. Grandes e médias empresas optam pela utilização de empresas terceirizadas ou, ainda, constituem um departamento específico para esse fim. Em sua maioria, o processo de seleção é realizado pelo departamento de pessoal ou o que chamamos de *departamento de recursos humanos*.

Após a seleção do candidato, inicia-se a fase da contratação. Nessa etapa são solicitados documentos ao trabalhador para que o contrato de trabalho seja formalizado e os dados sejam enviados aos órgãos competentes para o cumprimento das obrigações acessórias.

Até o advento do eSocial, o processo de admissão envolvia muitas etapas, mas não exigia o envio de informações quase que em tempo real para os órgãos públicos. A partir da implantação do sistema, os empregadores precisam observar, além da legislação trabalhista, as orientações e os prazos contidos no leiaute do eSocial.

A contratação de um trabalhador inicia-se com a seleção do novo empregado e a escolha do tipo de contrato que será a ele aplicado de acordo com a natureza da atividade econômica da empresa. Os empregadores poderão escolher entre as diversas modalidades contratuais previstas na legislação trabalhista, como o contrato por prazo determinado (até dois anos), o contrato de experiência, o contrato de aprendizagem e o contrato por prazo indeterminado.

O registro dos trabalhadores em livros, fichas ou sistemas eletrônicos está amparado no art. 41 da CLT, Decreto-Lei n. 5.452, de 1º de maio de 1943 (Brasil, 1943):

> Art. 41 – Em todas as atividades será obrigatório para o empregador o registro dos respectivos trabalhadores, podendo ser adotados livros, fichas ou sistema eletrônico, conforme instruções a serem expedidas pelo Ministério do Trabalho.
> Parágrafo único – Além da qualificação civil ou profissional de cada trabalhador, deverão ser anotados todos os dados relativos à sua admissão no emprego, duração e efetividade do trabalho, a férias, acidentes e demais circunstâncias que interessem à proteção do trabalhador.

Outra obrigatoriedade é a assinatura da CTPS. A inexistência das anotações do vínculo empregatício é um grave desrespeito à legislação trabalhista, passível de sanções legais previstas na CLT.

> Art. 47. O empregador que mantiver empregado não registrado nos termos do art. 41 desta Consolidação ficará sujeito a multa no valor de R$ 3.000,00 (três mil reais) por empregado não registrado, acrescido de igual valor em cada reincidência.
> § 1º Especificamente quanto à infração a que se refere o **caput** deste artigo, o valor final da multa aplicada será de R$ 800,00 (oitocentos reais) por empregado não registrado, quando se tratar de microempresa ou empresa de pequeno porte.
> § 2º A infração de que trata o **caput** deste artigo constitui exceção ao critério da dupla visita. (grifo do original)

Diante dessas obrigações, desde a sua criação, o eSocial previa a substituição do livro de registro físico por uma forma eletrônica, bem como a substituição da CTPS física pelo modelo digital. Alterações que já são realidade para operadores do direito e que trabalham diretamente com recursos humanos. Os dados enviados ao eSocial já alimentam a base de dados da CTPS e o livro de registro eletrônico.

No que se refere ao processo de admissão, concluído o processo de recrutamento e seleção e definido o contrato de trabalho, os dados do novo contrato devem ser enviados ao eSocial. Antes de as informações serem prestadas, é de praxe que o empregador solicite os dados pessoais do trabalhador e realize o exame admissional (falaremos dele na sequência).

Com o advento do eSocial, a qualificação cadastral dos trabalhadores se tornou o primeiro ato a ser realizado pelo empregador. Isso corre para evitar informações erradas.

Na qualificação cadastral, é realizado o cruzamento de alguns dados básicos do trabalhador, tais como nome cívil, CPF, data de nascimento, NIS/PIS/Pasep.

O portal do eSocial permite que a consulta cadastral seja realizada de modo individual ou em lotes de trabalhadores.

Estando tudo certo na qualificação cadastral, sem nenhum erro nas informações do trabalhador nas bases de dados governamentais, o empregador solicita os documentos para a admissão (a lista de documentos veremos no próximo tópico) e, então, a informação é prestada ao eSocial.

Para a nova admissão, o empregador poderá se utilizar do evento S-2190 (para informar uma admissão preliminar) ou, ainda, realizar a informação definitiva por meio do evento S-2200.

O evento S-2190 (admissão de trabalhador – registro preliminar) é utilizado nas hipóteses em que, no momento da admissão, o empregador não disponha de todos os dados do novo empregado. O envio desse evento não dispensa o envio posterior do evento S-2200, que registrará todos os dados do novo contrato de trabalho.

O evento S-2190 não exige a informação de todos os dados do trabalhador, requerendo apenas o necessário para a admissão e o início da prestação de serviços, como o CPF, o CNPJ/CPF do empregador, a data de nascimento e a data de admissão, a matrícula e código de categoria. O prazo de envio é até o final do dia imediatamente anterior ao do início da prestação de serviço.

O evento de admissão S-2200 é destinado apenas para as admissões regidas pela CLT (no caso das empresas privadas). As informações relativas aos trabalhadores sem vínculo empregatício com natureza permanente, como os avulsos, os diretores não empregados, os cooperados, os estagiários etc. serão prestadas por meio do evento S-2300 (trabalhador sem vínculo emprego/estatutário – início).

Após o envio do evento S-2190, o trabalhador poderá iniciar a prestação de serviços um dia depois. É importante mencionar que o evento S-2190 não pode ser utilizado nos casos de admissão por transferência. O envio de qualquer informação incorreta não poderá ser retificado. Nesse caso, o evento deverá ser excluído e um novo evento enviado.

A transmissão do evento S-2200 (cadastramento inicial do vínculo e admissão/ingresso de trabalhador) efetivará a admissão do trabalhador. Portanto, mesmo que o empregado tenha optado pelo envio do evento S-2190, o envio do evento S-2200 se faz necessário.

Ainda sobre o processo de admissão, para que não ocorram inconsistências, é importante que os empregadores observem os seguintes aspectos:

- a matrícula do empregado deverá seguir a sequência numérica do livro de registro da empresa e não pode ser repetida, ou seja, cada empregado deve ter o seu número de registro e cada nova admissão deverá dar sequência à numeração já existente;
- todas as admissões são enviadas por meio do CNPJ raiz e no campo específico denominado "*nrinsc*", será informado o estabelecimento no qual o empregado estará locado e realizará seus serviços.

No evento de admissão serão prestadas todas as informações pertinentes ao contrato, sendo elas:

1. matrícula do trabalhador;
2. endereço;
3. estado civil;
4. informação da existência de dependente, se houver;
5. local de trabalho;
6. cargo ou função, de acordo com a Classificação Brasileira de Ocupações (CBO) correspondente, que estabelece todas as ocupações existentes no Brasil – inexistindo alguma específica, o correto será utilizar a mais próxima possível.
7. salário contratual;
8. horário contratual – jornada de trabalho;
9. o tipo de contrato que está sendo estabelecido com o empregado – determinado, indeterminado, aprendiz, entre outros;
10. informações pertinentes a treinamentos, capacitações, exercícios simulados, entre outras anotações necessárias – utilizar os códigos relacionados na Tabela 28 (treinamentos, capacitações – exercícios simulados e outras anotações) do eSocial;

11. regime previdenciário – para empresas privadas sempre será do Regime Geral de Previdência Social;
12. se a admissão estiver sendo realizada por transferência, essa informação também irá constar no evento S-2200.

Sobre o contrato de trabalho, é importante mencionar que o contrato físico não foi substituído pelas informações prestadas no eSocial. Muito embora a legislação trabalhista permita a realização de contratos verbais, o estabelecimento de contrato físico entre empregado e empregador gera segurança para as partes.

4.1 Atestado de Saúde Ocupacional (ASO)

Em qualquer nova admissão, a primeira responsabilidade direta vinculada à empresa, em cumprimento às normas trabalhistas, é a realização do exame admissão.

A obrigatoriedade da realização do exame está prevista NR-07. Todos os empregadores (ME, empresas médicas e EPP) estão obrigadas a desenvolver o PCMSO, programa que traz informações de como o empregador deve proceder para a contratação de cada empregado, conforme as funções dele e quais exames médicos serão necessários para cada função existente na empresa.

O exame admissional deve ser realizado sempre antes da formalização do contrato de trabalho. É ele que dirá se aquele determinado trabalhador está apto para aquela determinada função – se existir algum impedimento, a contratação não poderá ser formalizada.

Os exames serão informados no evento S-2220 (monitoramento da saúde do trabalhador). Como regra, a empresa deverá enviar o evento S-2200 (evento de admissão que vimos anteriormente) e, logo na sequência, o evento S-2220, com as informações dos exames admissionais.

O prazo de envio é até o dia 15 do mês subsequente ao da realização do exame e, como vimos, o exame deve ser realizado sempre antes da efetivação da admissão para evitar contratações de trabalhadores incapazes.

4.2 Exclusão da admissão: evento S-3000

O eSocial prevê em sua estrutura a exclusão dos eventos, inclusive os de admissão, nos casos de desistência da admissão, com exceção dos eventos S-1299 e S-1298.

Conforme o MOS, "a exclusão implica a perda dos efeitos jurídicos relativos ao cumprimento da obrigação de prestar informações ao eSocial, dentro dos prazos estabelecidos" (Brasil, 2021a, p. 239).

Portanto, a exclusão de um evento de admissão somente pode ocorrer quando o vínculo não tiver sido devidamente constituído, ou seja, antes da efetiva prestação de serviços pelo empregador. Dado início à prestação de serviços, inicia-se o contrato de trabalho e, nesse caso, a única forma de encerrar o contrato de trabalho é pela efetivação da rescisão contratual.

Logo, a exclusão do evento não afasta a responsabilidade do empregador em relação à legislação trabalhista.

4.3 Informações previstas na admissão no eSocial

No tópico anterior, mencionamos que o empregador, no ato da admissão, demandará ao empregado alguns dados importantes para a concretização do contrato de trabalho, o que chamamos de *documentação básica de admissão*. Assim, trataremos dessa documentação neste tópico.

O CPF passou a ser o principal documento do ato de admissão. Com as alterações propostas na legislação trabalhista e na estrutura do eSocial, o CPF passou a ser o único identificador do trabalhador no sistema, uma vez que os campos onde era exigido o NIS foram excluídos. Logo, qualquer trabalhador que não apresente o CPF não poderá ter sua admissão concluída.

Essa alteração ampara-se na Lei n. 13.874, de 20 de setembro de 2019 (Brasil, 2019i), que alterou a CLT, a partir do art. 13, em relação à CTPS. Com essa alteração, o CPF passou ser o principal documento a ser apresentado pelo empregado e o número único da CTPS digital.

Desse modo, a CTPS física deixou de ser obrigatória com a publicação da Lei n. 13.874/2019, que promoveu alterações no art. 13 e seguintes da CLT.

A regulamentação desses dispositivos legais foi promovida SEPRT, do Ministério da Economia, por meio da Portaria n. 1.065, de 23 de setembro de 2019 (Brasil, 2019k) e Portaria n. 1.195, de 30 de outubro de 2019 (Brasil, 2019m).Com a nova proposta, a CTPS passa a ser emitida pelo Ministério da Economia por meios digitais.

A partir de agora, a simples apresentação do CPF pelo empregado equivale à apresentação da CTPS (art. 29 da CLT). Tendo recebidos os dados do novo trabalhador, o empregador tem o prazo de cinco dias para realizar as anotações na CTPS Digital (ou seja, informar os dados por meio do eSocial). A partir da informação no eSocial, o trabalhador terá as informações disponíveis no prazo de 48 horas.

No processo de admissão serão necessários os seguintes documentos do trabalhador:

- carteira de trabalho – hoje representada pelo próprio CPF do trabalhador;
- título de eleitor – indispensável para qualquer admissão;

- Carteira Nacional de Habilitação (CNH) – somente necessária para as funções que a exijam. Como a CNH dispõe dados básicos do empregado, como número de Registro Geral (RG) e CPF, ela poderá ser apresentada em substituição a esses documentos;
- certificado de reservista – para comprovar o alistamento militar e sua dispensa;
- fotografia do trabalhador, a qual pode ser física ou digital, conforme opção da empresa;
- algumas profissões exigem a apresentação do número de registro profissional, como no caso de advogados, agrônomos, engenheiros etc;
- certidão de casamento – para comprovar o estado civil;
- cédula de identidade (RG) – a CNH pode ser apresentada no lugar da célula de identidade (RG);
- certidão de nascimento dos filhos menores de 14 anos – necessária para identificar os dependentes do empregado para pagamento das cotas do salário-família e informação no Imposto de Renda da Pessoa Física (IRPF);
- carteira de vacinação de filhos até 5 anos – necessária para o recebimento da cota do salário-família, conforme prevê a legislação previdenciária;
- na existência de filhos com invalidez, o atestado de invalidez será necessário para a comprovação de dependência;
- comprovante de endereço atualizado;
- ASO, que precisa ser elaborado antes da efetivação do trabalhador;
- comprovante de frequência escolar – a obrigatoriedade da apresentação desse dado está vinculada ao recebimento do salário-família.

A previsão para a apresentação da carteira de vacinação e do comprovante de frequência escolar consta no art. 84 do Decreto n. 3.048, de 6 de maio de 1999 (Brasil, 1999):

> Art. 84. O pagamento do salário-família será devido a partir da data de apresentação da certidão de nascimento do filho ou da documentação relativa ao enteado e ao menor tutelado, desde que comprovada a dependência econômica dos dois últimos, e fica condicionado à apresentação anual de atestado de vacinação obrigatória dos referidos dependentes, de até seis anos de idade, e de comprovação semestral de frequência à escola dos referidos dependentes, a partir de quatro anos de idade, observado, para o empregado doméstico, o disposto no § 5º.

Portanto, o empregador estará vinculado ao pagamento das cotas do salário-família a partir do momento em que o trabalhador apresentar os documentos necessários.

A manutenção do pagamento do benefício está vinculada à apresentação anual de atestado de vacinação para os filhos com idade de até seis anos e, ainda, a apresentação de comprovação semestral de frequência à escola do filho ou equiparado a partir dos sete anos até os quatorze anos completos.

A falta de apresentação desses documentos gerará a suspensão do pagamento das cotas do salário-família até que a documentação seja apresentada (art. 84, § 2º, do Decreto n. 3.048/1999).

É importante mencionarmos que não é permitida a retenção dos documentos que listamos anteriormente, mesmo que apresentados por meio de fotocópias autenticadas, deverão ser devolvidas ao trabalhador. A empresa poderá permanecer com cópia simples dos documentos.

4.4 A nova CTPS digital e as informações no eSocial

A Lei n. 13.874/2019 promoveu alterações da CLT a partir do art. 14, referente à emissão e anotação da CTPS. A partir da nova legislação, a CTPS será emitida preferencialmente por meio eletrônico. Logo, a emissão da CTPS física poderá ser realizada apenas em caráter excepcional (art. 14 da CLT).

A regularização prevista no art. 15 da CLT veio com a Portaria n. 1.065/2019, que estabeleceu como regra que as admissões, as anotações e os desligamentos realizados a partir de 24/09/2019 deverão constar na CTPS digital, sendo dispensada a anotação na versão física do documento.

A identificação da CTPS passa a ser o número de inscrição no CPF, não existindo mais a numeração e a série como era previsto no documento na versão física. Agora, a apresentação do CPF pelo trabalhador no ato da admissão configura a "entrega da CTPS" para anotação pelo empregador.

Quanto às anotações na CTPS, o art. 29 da CLT estabelece que o empregador terá o prazo de cinco dias úteis para realizar as anotações referente às admissões, remunerações e demais condições especiais (quando houver). As anotações deverão ocorrer sempre na data-base, sempre que o trabalhador solicitar, nos casos de rescisão contratual e necessidade de comprovação perante a Previdência Social (art. 29, § 2º, da CLT).

Ainda há a previsão de vedação de anotações desabonadoras na CTPS, nos termos do art. 29, parágrafo 4º, da CLT.

Além disso, é importante mencionar que qualquer anotação de eventos anteriores a 24/09/2019 devem ser anotados na CTPS física, pois o eSocial não permite anotações retroativas a essa data.

4.5 Registro eletrônico de empregados

A previsão legal de registro dos empregados está prevista no art. 41 da CLT. O governo, por meio de portarias editadas pelo Ministério do Trabalho (atual Ministério da Economia), regulamenta a forma de registro a ser adotada pelas empresas.

A regulamentação do livro de registro eletrônico foi realizada por meio da Portaria n. 1.195/2019. A informações serão prestadas ao eSocial, que gerará a base de dados do livro eletrônico.

Nos termos da Portaria n. 1.195/2019, o livro de registro eletrônico será composto de dados relativos a admissão, jornada de trabalho, férias, informações sobre acidentes de trabalho e todas as situações que interessem à proteção do trabalhador.

A Portaria n. 1.195/2019 estabelece os prazos de envio dessas informações em seu art. 2º, que apresentamos a seguir:

> Art. 2º Compõem o registro de empregados os dados relativos à admissão no emprego, duração e efetividade do trabalho, férias, acidentes e demais circunstâncias que interessem à proteção do trabalhador que deverão ser informados nos seguintes prazos:
>
> I – até o dia anterior ao início das atividades do trabalhador:
> a) número no Cadastro de Pessoa Física – CPF;
> b) data de nascimento;
> c) data de admissão;
> d) matrícula do empregado;
> e) categoria do trabalhador;
> f) natureza da atividade (urbano/rural);
> g) código da Classificação Brasileira de Ocupações – CBO;
> h) valor do salário contratual; e
> i) tipo de contrato de trabalho em relação ao seu prazo, com a indicação do término quando se tratar de contrato por prazo determinado.
>
> II – até o dia 15 (quinze) do mês subsequente ao mês em que o empregado foi admitido:
> a) nome completo, sexo, grau de instrução, endereço e nacionalidade;
> b) descrição do cargo e/ou função;
> c) descrição do salário variável, quando for o caso;
> d) nome e dados cadastrais dos dependentes;
> e) horário de trabalho ou informação de enquadramento no art. 62 da CLT;
> f) local de trabalho e identificação do estabelecimento/empresa onde ocorre a prestação de serviço;
> g) informação de empregado com deficiência ou reabilitado, assim como informação se o empregado será computado na cota para pessoas com deficiência ou beneficiários reabilitados, prevista no art. 93 da Lei n. 8.213 de 1991, por ter concordado em ser beneficiado pela ação afirmativa, nos termos do § 2º do art. 4º da Lei n. 13.146 de 2015;

h) indicação do empregador para o qual a contratação de aprendiz por entidade sem fins lucrativos está sendo computada no cumprimento da respectiva cota;

i) identificação do alvará judicial em caso de contratação de trabalhadores com idade inferior à legalmente permitida;

j) data de opção do empregado pelo Fundo de Garantia do Tempo de Serviço – FGTS, nos casos de admissão anterior a 1º de outubro de 2015 para empregados domésticos ou anterior a 5 de outubro de 1988 para os demais empregados; e

k) informação relativa a registro sob ação fiscal ou por força de decisão judicial, quando for o caso.

III – até o dia 15 (quinze) do mês seguinte ao da ocorrência:

a) alterações cadastrais e contratuais de que tratam as alíneas "e" a "i" do inciso I e as alíneas "a" a "i" do inciso II;

b) gozo de férias;

c) afastamento por acidente ou doença relacionada ao trabalho, com duração não superior a 15 (quinze) dias;

d) afastamentos temporários descritos no Anexo desta Portaria;

e) dados de desligamento cujo motivo não gera direito ao saque do FGTS;

f) informações relativas ao monitoramento da saúde do trabalhador;

g) informações relativas às condições ambientais de trabalho;

h) transferência de empregados entre empresas do mesmo grupo econômico, consórcio, ou por motivo de sucessão, fusão, incorporação ou cisão de empresas; e

i) reintegração ao emprego.

IV – no 16º (décimo sexto) dia do afastamento:

a) por acidente ou doença relacionados ou não ao trabalho, com duração superior a 15 (quinze) dias; e

b) por acidente ou doença relacionados ou não ao trabalho, com qualquer duração, que ocorrerem dentro do prazo de 60 (sessenta) dias pela mesma doença e tiverem em sua totalidade duração superior a 15 (quinze) dias.

V – de imediato:

a) o acidente de trabalho ou doença profissional que resulte morte; e

b) afastamento por acidente ou doença relacionados ou não ao trabalho, com qualquer duração, quando ocorrer dentro do prazo de 60 (sessenta) dias do retorno de afastamento anterior pela mesma doença, que tenha gerado recebimento de auxílio-doença.

VI – até o primeiro dia útil seguinte ao da sua ocorrência, o acidente de trabalho que não resulte morte, ou a doença profissional.

VII – até o 10º (décimo) dia seguinte ao da sua ocorrência, os dados de desligamento cujo motivo gera direito a saque do FGTS.

§ 1º O registro do empregado será feito pelo empregador pessoa jurídica mediante identificação com o número de inscrição no CNPJ raiz e pelo empregador pessoa física mediante identificação com o número de inscrição no CPF;
§ 2º A comprovação do cumprimento das obrigações previstas nesta Portaria dar-se-á pelo número do recibo eletrônico emitido pelo eSocial quando da recepção e validação do evento correspondente.
§ 3º O registro do empregado deverá sempre ser mantido com as informações corretas e atualizadas, constituindo infração a omissão ou prestação de declaração falsa ou inexata, nos termos dos art. 29, § 3º, e art. 47 da CLT.
§ 4º A matrícula do empregado, de que trata a alínea "d" do inciso I do art. 2º, deve ser única por empregador e não poderá ser reutilizada.
§ 5º Na ocorrência da alínea "b" do inciso V, todos os afastamentos ainda não informados que compuseram a soma nela referida deverão sê-lo no mesmo prazo.

As informações no eSocial para alimentação do livro de registro serão sempre realizadas por meio do CNPJ raiz da empresa e, nos casos de empregador pessoa física, as informações serão prestadas por meio do CPF.

A utilização do livro de registro eletrônico não é obrigatória, diferentemente das demais obrigações acessórias já substituídas pelo eSocial. O art. 5º da portaria supracitada estabelece que o empregador poderá optar pela utilização do livro eletrônico e essa opção se dará a partir das informações prestadas no próprio eSocial.

Se a opção for pela utilização do livro de registro físico ou, ainda, de fichas de registros, a Portaria n. 1.195/2019 estabelece que tais documentos deverão ser adaptados às novas exigências da própria portaria.

4.6 Caged: utilização do eSocial

Outra obrigação acessória que sofreu substituição foi o Caged. Antes do eSocial, as informações pertinentes a novas admissões e desligamentos eram prestadas por meio do aplicativo do Caged.

Com o advento da Portaria n. 1.127, de 14 de outubro de 2019 (Brasil, 2019l), publicada pela SEPRT, as informações do Caged passam a ser alimentadas pelos dados prestados nos eventos do eSocial. A substituição do Caged pelo eSocial iniciou-se em janeiro de 2020 para todos aqueles que já utilizavam o eSocial, conforme cronograma de implantação do sistema.

A base nacional de dados do Caged será alimentada com as informações enviadas ao eSocial. Nos termos do art. 1º da referida Portaria n. 1.127/2019, temos as seguintes informações:

> Art. 1º A obrigação da comunicação de admissões e dispensas instituída pela Lei n. 4.923, de 23 de novembro de 1965, Cadastro Geral de Empregados e Desempregados–CAGED, passa a ser cumprida por meio do Sistema de Escrituração Digital das Obrigações Fiscais, Previdenciárias e Trabalhistas – eSocial a partir da competência de janeiro 2020 para as empresas ou pessoas físicas equiparadas a empresas, mediante o envio das seguintes informações:
> I – data da admissão e número de inscrição do trabalhador no Cadastro de Pessoas Físicas – CPF, que deverão ser prestadas até o dia imediatamente anterior ao do início das atividades do trabalhador;
> II – salário de contratação, que deverá ser enviado até o dia 15 (quinze) do mês seguinte em que ocorrer a admissão;
> III – data da extinção do vínculo empregatício e motivo da rescisão do contrato de trabalho, que deverão ser prestadas:
> a) até o décimo dia, contado da data da extinção do vínculo, nas hipóteses previstas nos incisos I, I-A, II, IX e X do art. 20 da Lei n. 8.036, de 11 de maio de 1990;
> b) até o dia 15 (quinze) do mês seguinte em que ocorrer a extinção do vínculo, nos demais casos;
> IV – último salário do empregado, que deverá ser prestada até o dia 15 (quinze) do mês seguinte em que ocorrer a alteração salarial;
> V – transferência de entrada e transferência de saída, que deverão ser prestadas até o dia 15 (quinze) do mês seguinte a ocorrência;
> VI – reintegração, que deverá ser prestada até o dia 15 (quinze) do mês seguinte a ocorrência.
> Parágrafo único. As pessoas jurídicas de direito público da administração direta, autárquica e fundacional, que adotem o regime jurídico previsto no Decreto-lei n. 5.452, de 1º de maio de 1943, bem como as organizações internacionais, até que estejam obrigadas a prestar as informações previstas neste artigo ao eSocial, e as empresas que

não cumprirem as condições de que trata o caput deverão prestar as informações por meio do sistema CAGED, conforme Manual de Orientação do CAGED.

Como podemos ver, os prazos estabelecidos na Portaria n. 1.127/2019 seguem a regra geral do eSocial, ou seja, as informações serão prestadas até o dia 15 do mês seguinte ao da ocorrência da alteração.

4.7 Transferência e reintegração de empregados

Outro ponto importante a tratarmos e que gera muita dúvida é se os empregados transferidos devem ser informados no eSocial, assim como já acontecia quando a GFIP era utilizada. Pois bem, a transferência de um trabalhador continua sendo informada aos órgãos públicos e agora por meio do eSocial. De acordo com o MOS (Brasil, 2021a), as informações de entrada e saída do trabalhador devem ser prestadas até o dia 15 do mês seguinte ao fato gerador da informação.

Nos casos de transferência de um trabalhador, de uma empresa para outra do mesmo grupo econômico, deve ser enviado ao eSocial um evento S-2299, com motivo 11, que corresponde à transferência de empregado para empresa do mesmo grupo empresarial. Na sequência, a empresa recebedora do trabalhador informará um evento S-2200 com os dados do trabalhador recepcionado, informando no campo "TPADMISSAO – tipo de admissão" o código 02 – "transferência de empresa do mesmo grupo econômico", sempre mantendo a data de admissão inicial (a data inicial do contrato de trabalho no primeiro empregador), indicando também a data da efetiva transferência.

No caso de transferência, o contrato de trabalho não sofre qualquer alteração, ou seja, a empresa que está recebendo o trabalhador não pode alterar o contrato sem anuência do empregado, nos moldes do art. 468 da CLT.

A reintegração de trabalhadores ao corpo de funcionários de uma empresa se dá por diversos motivos, entre eles estão os casos em que existia estabilidade no momento da rescisão (maternidade, acidente de trabalho, entre outros). As informações sobre a reintegração dos trabalhadores também precisam ser indicadas no eSocial e o prazo de transmissão é até o dia 15 do mês seguinte ao da ocorrência. Nessa hipótese, não deve ser gerado uma nova matrícula, mas, sim, a mesma matrícula existente para esse trabalhador deve ser utilizada para o restabelecimento do vínculo.

4.8 Alterações cadastrais e contratuais

A CLT prevê, em seu art. 468, que qualquer alteração no contrato de trabalho só será válida se existir concordância de ambas as partes e desde que não traga prejuízos ao trabalhador:

> Art. 468 – Nos contratos individuais de trabalho só é lícita a alteração das respectivas condições por mútuo consentimento, e ainda assim desde que não resultem, direta ou indiretamente, prejuízos ao empregado, sob pena de nulidade da cláusula infringente desta garantia.
> § 1º Não se considera alteração unilateral a determinação do empregador para que o respectivo empregado reverta ao cargo efetivo, anteriormente ocupado, deixando o exercício de função de confiança.
> § 2º A alteração de que trata o § 1º deste artigo, com ou sem justo motivo, não assegura ao empregado o direito à manutenção do pagamento da gratificação correspondente, que não será incorporada, independentemente do tempo de exercício da respectiva função.

Portanto, alterações no contrato de trabalho, tais como redução de jornada, alteração dos turnos de trabalho, número de horas contratuais, entre outras, só poderão ser realizadas com o consentimento das partes.

Além das alterações contratuais, também serão informadas no eSocial as alterações relacionadas ao próprio empregado, ou seja, aos dados pessoais do trabalhador, tais como estado civil, endereço, escolaridade, contato, entre outras.

Para essas informações, o eSocial disponibilizou dois eventos: 1) S-2205 – criado para informar as alterações de dados pessoais do empregado; 2) S-2206 – previsto para informar as alterações dos contratos de trabalho;

De acordo com o MOS (Brasil, 2021a), o evento S-2205 será utilizado para prestar informações dos seguintes tipos: relacionadas aos documentos pessoais; endereço; escolaridade; estado civil; contato etc. Esse evento será utilizado tanto para empregados como para trabalhadores sem vínculo empregatício. O prazo de envio segue a regra geral dos prazos do eSocial: deverá ser transmitido até o dia 15 do mês subsequente ao mês de referência.

Todos os dados relativos ao vínculo empregatício, como remuneração, jornada e local de trabalho, serão informados por meio do evento S-2206. O evento deverá ser enviado até o dia "15 (quinze) do mês subsequente ao da competência informada no evento ou até o envio dos eventos mensais de folha de pagamento da competência em que ocorreu a alteração contratual quando essa alteração puder ter impacto nos totalizadores" (Brasil, 2021a, p. 176).

Antes do advento do eSocial, era muito comum (mas não correto) a anotação das chamadas *alterações retroativas do contrato de trabalho*. Na prática, a alteração contratual foi realizada anteriormente, mas as informações, como anotações na CTPS, eram realizadas muito tempo depois.

Podemos citar como exemplo um empregado que trabalha na função de assistente administrativo e foi promovido, passando para a função de coordenador. No momento da promoção, o empregador não efetivou a alteração contratual no eSocial respeitando os prazos legais. Agora deverá enviar os dados retroativamente, o que ensejará penalidades administrativas pela informação em atraso.

Por isso a manutenção das informações atualizadas e uma boa gestão dos recursos humanos evitará essas demandas para a empresa.

4.9 Trabalhadores sem vínculo empregatício: evento S-2300

Toda empresa, sendo ela pequena, média ou de grande porte, em algum momento de sua existência realiza a contratação de trabalhadores sem vínculo empregatício. Estamos falando da prestação de serviços autônoma, que não apresenta qualquer subordinação, habitualidade, jornada de trabalho, entre outros requisitos do vínculo empregatício.

Tais contratos também são informados no eSocial por meio do evento S-2300 (trabalhador sem vínculo de emprego/estatutário – início). Todos estão obrigados a utilizar esse evento no momento da contratação de prestadores de serviços.

Temos no MOS a lista de trabalhadores e seus respectivos códigos, que serão listados nesse evento. Veja quais são esses códigos no Quadro 3.2.

De acordo com o eSocial:

> Além dos trabalhadores relacionados acima, o declarante pode cadastrar, opcionalmente, outros contribuintes individuais, que achar necessário, para facilitar seu controle interno, bem como outros trabalhadores (em sentido amplo), como os das categorias 307 (militar efetivo), 903 (bolsista, nos termos da Lei n. 8.958/94) e 904 (participante de curso de formação, como etapa de concurso público, sem vínculo de emprego/estatutário). (Brasil, 2021a, p. 217)

Assim como os demais eventos, o evento S-2300 deve ser enviado até o dia 15 do mês subsequente ao da ocorrência. É enviado para informar o início das atividades do trabalhador.

Agora os trabalhadores sem vínculo empregatício também estão vinculados ao eSocial por meio de uma matrícula que não pode se repetir nem ser reutilizada. Em outras palavras, se o trabalhador prestar serviço em momentos diferentes durante o ano, a matrícula será distinta para cada situação. A matrícula somente poderá ser reutilizada se ela for excluída em virtude de informação errada (Brasil, 2021a).

Para modificações nos contratos, há o evento S-2306 (trabalhador sem vínculo de emprego/estatutário – alteração contratual). Nos casos de alteração dos dados pessoais do trabalhador, o evento a ser utilizado é o S-2205 (alteração de dados cadastrais do trabalhador).

Assim que o contrato for encerrado, o contratante deverá informar o término do contrato por meio do evento S-2399 (trabalhador sem vínculo emprego/estatutário – término), que incluirá os valores rescisórios referentes ao término do contrato.

É importante que o empregador fique atento, pois o leiaute estabelece algumas regras específicas para cada categoria de trabalhador (daquelas constantes no Quadro 3.2); por isso, a leitura do MOS e o acompanhamento das atualizações do leiaute são necessários para uma gestão eficaz.

4.10 Desligamento do trabalhador: evento S-2299

O processo de desligamento do qual trataremos a partir de agora diz respeito aos trabalhadores vinculados ao empregador por meio de um contrato de trabalho de regime celetista.

As rescisões contratuais podem ocorrer por iniciativa de qualquer uma das partes envolvidas no contrato. Quando iniciada pelo trabalhador, estamos diante de um pedido de demissão ou, ainda, uma rescisão indireta. Já quando iniciada pela empresa ou por empregadores pessoa física, podemos estar diante de uma dispensa com ou sem justa causa.

Nos casos de pedido de demissão, a rescisão é iniciada pelo empregado; essa decisão deverá ser comunicada por escrito para o empregador. Nessas rescisões, os direitos a saldo de salários, décimo terceiro e férias são garantidos aos trabalhadores.

O aviso prévio, quando trabalhado, será pago na condição de saldo de salários. O aviso prévio, nos casos de pedido de demissão, deverá ser cumprido integralmente pelo trabalhador. Caso o empregado não cumpra o aviso prévio, ao empregador está autorizado o desconto do valor correspondente, nos termos do art. 487, parágrafo 2º, da CLT.

Na rescisão a pedido, o FGTS não pode ser movimentado pelo trabalhador. Além disso, ele não terá direito ao adicional de 40% sobre o FGTS.

Para os contratos de trabalho por prazo determinado (incluindo o contrato de experiência), quando o trabalhador solicita a rescisão antecipada, estaremos diante de um pedido de demissão em que os direitos serão pagos proporcionalmente.

O término de um contrato de trabalho está relacionado à rescisão de contrato no último dia de sua vigência. Esse tipo de rescisão se aplica nos contratos por prazo determinado, inclusive no contrato de experiência. Nessa rescisão, os trabalhadores terão direito a saldo de salário, décimo terceiro, férias, inclusive o saque do FGTS, porém, não é devida a multa do FGTS de 40%.

Nesse caso, o saque do FGTS será devido por término de contrato, somente não é devido o pagamento, pelo empregador, dos 40% referentes à multa do FGTS.

A rescisão indireta nada mais é do que uma rescisão promovida pelo empregado toda vez que ocorrer uma justa causa praticada pelo empregador. O art. 483 da CLT estabelece os motivos de justa causa praticada pelo empregador, conforme apresentamos a seguir:

> Art. 483 – O empregado poderá considerar rescindido o contrato e pleitear a devida indenização quando:
> a) forem exigidos serviços superiores às suas forças, defesos por lei, contrários aos bons costumes, ou alheios ao contrato;
> b) for tratado pelo empregador ou por seus superiores hierárquicos com rigor excessivo;
> c) correr perigo manifesto de mal considerável;
> d) não cumprir o empregador as obrigações do contrato;
> e) praticar o empregador ou seus prepostos, contra ele ou pessoas de sua família, ato lesivo da honra e boa fama;
> f) o empregador ou seus prepostos ofenderem-no fisicamente, salvo em caso de legítima defesa, própria ou de outrem;
> g) o empregador reduzir o seu trabalho, sendo este por peça ou tarefa, de forma a afetar sensivelmente a importância dos salários.
> § 1º – O empregado poderá suspender a prestação dos serviços ou rescindir o contrato, quando tiver de desempenhar obrigações legais, incompatíveis com a continuação do serviço.
> § 2º – No caso de morte do empregador constituído em empresa individual, é facultado ao empregado rescindir o contrato de trabalho.
> § 3º – Nas hipóteses das letras "d" e "g", poderá o empregado pleitear a rescisão de seu contrato de trabalho e o pagamento das respectivas indenizações, permanecendo ou não no serviço até final decisão do processo.

A rescisão indireta, em regra, é promovida pelo empregado com assistência do sindicato ou ainda pela via judicial. Todos os direitos são garantidos ao trabalhador.

A rescisão sem justa causa é sempre de iniciativa do empregador. Conceitualmente, dispensa "é o ato pelo qual o empregador põe fim ao vínculo empregatício. Representa uma forma de extinção do contrato individual de trabalho" (Jorge Neto; Cavalcante, 2019, p. 760).

O aviso prévio é concedido pelo empregador que decidirá se o aviso será trabalhado ou indenizado. O trabalhador terá direito ao aviso prévio indenizado ou, sendo ele trabalhado, ao saldo de salários, além de décimo terceiro, férias vencidas e proporcionais, inclusive o saque do FGTS e a multa de 40%.

É importante mencionar que o aviso prévio possui uma variação de 30 dias até o máximo de 90 dias e sua proporcionalidade foi regulamentada pela Lei n. 12.506, de 11 de outubro de 2011 (Brasil, 2011).

Outra modalidade de rescisão contratual é a dispensa por justa causa, que está prevista no art. 482 da CLT. A justa causa deve ser aplicada pelo empregador, sempre de maneira imediata, ao conhecer a causa ensejadora do rompimento contratual, analisar se a falta cometida pelo empregado é uma das hipóteses previstas no art 482 da CLT e verificar se a punição é proporcional à falta cometida. Além disso, a falta disciplinar deve ser uma nova ocorrência. Se determinada falta já foi punida com advertência ou suspensão, o empregador não poderá realizar a rescisão por justa causa, pois estará penalizando o empregado duplamente.

Segundo o art. 482 da CLT:

> Art. 482 – Constituem justa causa para rescisão do contrato de trabalho pelo empregador:
> a) ato de improbidade;
> b) incontinência de conduta ou mau procedimento;
> c) negociação habitual por conta própria ou alheia sem permissão do empregador, e quando constituir ato de concorrência à empresa para a qual trabalha o empregado, ou for prejudicial ao serviço;
> d) condenação criminal do empregado, passada em julgado, caso não tenha havido suspensão da execução da pena;
> e) desídia no desempenho das respectivas funções;
> f) embriaguez habitual ou em serviço;
> g) violação de segredo da empresa;
> h) ato de indisciplina ou de insubordinação;
> i) abandono de emprego;
> j) ato lesivo da honra ou da boa fama praticado no serviço contra qualquer pessoa, ou ofensas físicas, nas mesmas condições, salvo em caso de legítima defesa, própria ou de outrem;
> k) ato lesivo da honra ou da boa fama ou ofensas físicas praticadas contra o empregador e superiores hierárquicos, salvo em caso de legítima defesa, própria ou de outrem;
> l) prática constante de jogos de azar.
> m) perda da habilitação ou dos requisitos estabelecidos em lei para o exercício da profissão, em decorrência de conduta dolosa do empregado. (Incluído pela Lei n. 13.467, de 2017)

Parágrafo único – Constitui igualmente justa causa para dispensa de empregado a prática, devidamente comprovada em inquérito administrativo, de atos atentatórios à segurança nacional.

A Reforma Trabalhista, promovida pela Lei n. 13.467, de 13 de julho de 2017 (Brasil, 2017b), incluiu uma nova hipótese de rescisão contratual, a rescisão por acordo entre as partes que sempre ocorrerá em comum acordo (art. 484-A da CLT).

De acordo com o art. 484-A da CLT, será devido ao trabalhador por metade o aviso prévio, se indenizado, e a indenização do FGTS (multa rescisória); na integralidade, são devidas as demais verbas trabalhistas.

Por se tratar de uma rescisão contratual em comum acordo, o saque do saldo do FGTS será limitado a 80% do valor dos depósitos e o trabalhador não está autorizado a ingressar no programa de seguro-desemprego.

4.10.1 Desligamento do trabalhador no eSocial

Como vimos anteriormente, a rescisão contratual é um ato que põe fim ao contrato de trabalho. O processo de desligamento é realizado, em regra, pelo pessoal ligado aos recursos humanos na empresa ou, ainda, diretamente pelo setor contábil da empresa, quando ela não dispõe de um departamento de pessoas estruturado.

Definido o desligamento do trabalhador, a empresa deverá cumprir com algumas obrigações acessórias, como a realização do exame demissional, que deve ser providenciado quando não existir um exame periódico dentro do período de validade. Os períodos de validade podem ser consultados na NR-07 e no PCMSO da empresa[1].

---

1 É importante mencionar que toda empresa, seja ela pequena ou de grande porte, está obrigada a ter o PCMSO. Aliás, a NR-07 determina a atualização anual do documento.

Vamos a um passo a passo da rotina de desligamento.

O primeiro passo é a comunicação da rescisão contratual ao trabalhador com a concessão do aviso prévio (dispensa sem justa causa) ou o término do contrato de trabalho para os contratos por prazo determinado, ou, ainda, uma justa causa – nesse caso, não há a concessão do aviso prévio. Quando tratamos de uma rescisão sem justa causa, é no ato da concessão do aviso prévio que o empregador define se o aviso será indenizado ou trabalhado.

O segundo passo está relacionado ao cumprimento do PCMSO, com a realização do exame demissional.

Em seguida, há as anotações referentes ao desligamento com a informação da rescisão na CTPS (agora realizadas por meio do eSocial); e o lançamento das informações no livro de registro, agora realizada por meio do envio das informações ao eSocial.

As próximas etapas são:

1. Elaboração do PPP – sugerimos que a elaboração do PPP seja iniciada no momento da concessão do aviso prévio, pois, se o aviso for indenizado, o PPP deverá ser entregue no ato da assinatura do termo de rescisão e pagamento das verbas, o que ocorre no máximo em 10 dias contados da comunicação do aviso.
2. Elaboração da declaração de rendimentos do trabalhador – relacionada diretamente com os valores retidos na fonte para fins da DIRPF.
3. Elaboração da relação de salários de contribuição do Instituto Nacional do Seguro Social (INSS) – é um controle que pode ser disponibilizado para o empregado no ato do desligamento, mas não é obrigatória.
4. Elaboração do Termo de Rescisão de Contrato de Trabalho (TRCT) – a partir da Reforma Trabalhista, promovida pela Lei n. 13.467/2017, para os empregados com mais de um ano de contrato, não existe mais a homologação da rescisão junto ao sindicato.

5. Juntamente com o TRCT, a empresa deverá entregar o extrato do FGTS, as guias do seguro-desemprego, quando for o caso, além do PPP, que já mencionamos anteriormente.
6. Por fim, para controle da empresa, a inclusão do nome do trabalhador na lista de desligados da empresa.

Com a Reforma Trabalhista, o prazo de pagamento das verbas rescisórias passou a ser único. Nos termos do art. 477 da CLT, a rescisão contratual deverá ser quitada no prazo de 10 dias, contados a partir do término do contrato de trabalho.

Uma vez encerrado o contrato de trabalho, o empregador deverá informar a rescisão por meio do evento S-2299 (desligamento). Nesse evento será informada a totalidade das verbas rescisórias.

Os dados deverão ser enviados até 10 dias após à data do desligamento. Nos demais casos, o prazo é até o dia 15 do mês seguinte à data do desligamento.

No evento S-2299 são informados apenas os valores rescisórios; os valores referentes a competências anteriores deverão ser informados no evento S-1200 (remuneração do trabalhador vinculado ao Regime Geral de Previdência Social – RGPS).

Qualquer valor rescisório que porventura não tenha sido informado no momento da rescisão ensejará a retificação do evento S-2299 e, consequentemente, o empregador deverá emitir guia complementar para o pagamento das contribuições.

O evento S-2299 também é utilizado nos casos de desligamento do trabalhador devido à transferência, quando o CNPJ raiz for distinto, ou seja, quando se tratar de transferência para empresa diversa. Nos casos em que a transferência ocorrer entre estabelecimentos da mesma empresa, com o mesmo CNPJ raiz, o evento a ser utilizado é aquele que indica a alteração de contrato (S-2206) (Brasil, 2021a).

4.10.2 Aviso prévio

O aviso prévio é um direito garantido pela Constituição Federal (Brasil, 1988a) em seu art. 7º, inciso XXI, que concede, aos trabalhadores urbanos e rurais, aviso prévio proporcional ao tempo de serviço, sendo no mínimo de 30 dias:

> Art. 7º São direitos dos trabalhadores urbanos e rurais, além de outros que visem à melhoria de sua condição social: [...] XXI – aviso prévio proporcional ao tempo de serviço, sendo no mínimo de trinta dias, nos termos da lei.

Outra previsão legal encontramos na CLT, que preceitua a matéria nos arts. 487 a 491.

Magano (1993, p. 336) compreende que o aviso prévio é o "prazo que deve preceder a rescisão unilateral do contrato de trabalho de termo final indeterminado e cuja não concessão gera a obrigação de indenizar". Logo, diante do conceito apresentado, temos a previsão de dois tipos de aviso prévio: 1) o aviso prévio indenizado; 2) o aviso prévio trabalhado.

Para as rescisões iniciadas pelo empregado, ou seja, nos pedidos de demissão, o aviso prévio sempre será de 30 dias. Cabe ao empregado decidir se irá trabalhar o aviso ou se irá indenizar o empregador, ou seja, se o empregado pede demissão e não cumpre o aviso, o empregador possui direito de descontar o valor dos 30 dias não trabalhados sobre as verbas rescisórias.

Como vimos, a Constituição Federal já previa a proporcionalidade do aviso prévio, ou seja, o acréscimo de dias além dos 30 já previstos em lei, regulamentado pela Lei n. 12.506/2011, que estabeleceu um adicional de 3 dias por ano trabalhado para o mesmo empregador, limitado ao máximo de 60 dias de acréscimo, logo, o aviso prévio não poderá exceder aos 90 dias, contabilizando o acréscimo.

O Ministério do Trabalho, logo após a publicação da Lei n. 12.506/2011, publicou a Nota Técnica n. 35, de 13 de fevereiro de 2012, que foi substituída pela Nota Técnica n. 184/2012/CGRT/SRT/MT, de 7 de maio de 2012, estabelecendo o entendimento de que a proporcionalidade deve ser computada a partir de um ano completo de contrato de trabalho, ou seja, para contratos com duração inferior a um ano completo o aviso será sempre de trinta dias, sendo contabilizado o acréscimo a partir de um ano completo (Jorge Neto; Cavalcante, 2019).

Vejamos o quadro disponibilizado pela Nota Técnica n. 184/2012 para uma melhor compreensão:

Quadro 4.1 – Aviso prévio proporcional – acréscimo da Lei n. 12.506/2011

Tempo de serviço (anos completos)	Aviso prévio Proporcional ao Tempo de Serviço (n. de dias)
0	30 dias
1	33 dias
2	36 dias
3	39 dias
4	42 dias
5	45 dias
6	48 dias
7	51 dias
8	54 dias
9	57 dias
10	60 dias
11	63 dias
12	66 dias
13	69 dias
14	72 dias

(continua)

(Quadro 4.1 - conclusão)

Tempo de serviço (anos completos)	Aviso prévio Proporcional ao Tempo de Serviço (n. de dias)
15	75 dias
16	78 dias
17	81 dias
18	84 dias
19	87 dias
20	90 dias

Fonte: Brasil, 2012, p. 3.

Cumpre ressaltar que o acréscimo de dias que indicamos só é aplicado nos casos de rescisão contratual sem justa causa motivada pelo empregador.

Para os casos em que o aviso prévio for concedido pelo empregador, nas dispensas sem justa causa, o trabalhador terá o direito a optar, a seu critério, pela redução legal de duas horas diárias ou ausência ao trabalho por sete dias corridos, conforme dispõe o art. 488 da CLT:

> Art. 488 - O horário normal de trabalho do empregado, durante o prazo do aviso, e se a rescisão tiver sido promovida pelo empregador, será reduzido de 2 (duas) horas diárias, sem prejuízo do salário integral.
> Parágrafo único - É facultado ao empregado trabalhar sem a redução das 2 (duas) horas diárias previstas neste artigo, caso em que poderá faltar ao serviço, sem prejuízo do salário integral, por 1 (um) dia, na hipótese do inciso I, e por 7 (sete) dias corridos, na hipótese do inciso II do art. 487 desta Consolidação.

Esse procedimento de escolha da redução legal deve ser realizado pelo empregado no ato da concessão do aviso prévio, ou seja, no momento que tomou conhecimento da sua rescisão contratual. Uma sugestão é a inclusão dessa opção no mesmo documento em que o empregador está concedendo o aviso prévio, assim o empregado realiza a opção da redução e assina o aviso prévio.

Quanto ao eSocial, a informação do aviso prévio de modo separado da rescisão contratual não possui mais previsão. Logo, o aviso prévio será informado somente nos eventos de desligamentos que tratamos no tópico anterior.

4.11 Afastamentos temporários: evento S-2230

Os afastamentos temporários dos trabalhadores podem ocorrer por diversos motivos: doenças, acidente de trabalho, licença-maternidade, licença-paternidade, licença não remunerada e remunerada, aposentadoria por invalidez, serviço militar e representação sindical. Tais ocorrências precisam ser gerenciadas pelos empregadores de maneira efetiva para que a empresa mantenha o controle de tais afastamentos e saiba quando as informações no eSocial devem ocorrer.

Todos os afastamentos temporários deverão ser informados no evento S-2230 (afastamento temporário).

Para uma melhor compreensão e efetivo controle, falaremos brevemente sobre os principais afastamentos e seus impactos para a empresa.

4.11.1 Afastamento por doença comum ou acidentária

O afastamento do trabalhador pode ocorrer por motivo de doença, acidente de trabalho ou doença ocupacional.

O art. 19 da Lei n. 8.213/1991 conceitua o que é acidente de trabalho:

> Art. 19. Acidente do trabalho é o que ocorre pelo exercício do trabalho a serviço de empresa ou de empregador doméstico ou pelo exercício do trabalho dos segurados referidos no inciso VII do art. 11 desta Lei, provocando lesão corporal ou perturbação funcional que cause

a morte ou a perda ou redução, permanente ou temporária, da capacidade para o trabalho.

Já o art. 20 da referida lei nos traz o conceito de doença profissional ou doença do trabalho:

> Art. 20. Consideram-se acidente do trabalho, nos termos do artigo anterior, as seguintes entidades mórbidas:
> I – doença profissional, assim entendida a produzida ou desencadeada pelo exercício do trabalho peculiar a determinada atividade e constante da respectiva relação elaborada pelo Ministério do Trabalho e da Previdência Social;
> II – doença do trabalho, assim entendida a adquirida ou desencadeada em função de condições especiais em que o trabalho é realizado e com ele se relacione diretamente, constante da relação mencionada no inciso I.

As doenças degenerativas, inerentes ao grupo etário, e as que não produzem incapacidade laborativa não são consideradas como doenças do trabalho, nos termos do art. 20, parágrafo 1º, da Lei n. 8.213/1991. Da mesma maneira estão excluídas do rol de doenças ocupacionais as doenças endêmicas adquiridas pelo trabalhador que habita na região em que a patologia se desenvolve, salvo quando comprovado que a patologia foi adquirida em decorrência de exposição ou contato direto determinado pela natureza do trabalho.

Além dos acidentes típicos e das doenças profissionais e do trabalho, há algumas citações que se equiparam a acidente de trabalho e que estão listadas no art. 21 da Lei n. 8.213/1991:

> Art. 21. Equiparam-se também ao acidente do trabalho, para efeitos desta Lei:
> I – o acidente ligado ao trabalho que, embora não tenha sido a causa única, haja contribuído diretamente para a morte do segurado, para redução ou perda da sua capacidade para o trabalho, ou produzido lesão que exija atenção médica para a sua recuperação;
> II – o acidente sofrido pelo segurado no local e no horário do trabalho, em consequência de:
> a) ato de agressão, sabotagem ou terrorismo praticado por terceiro ou companheiro de trabalho;

b) ofensa física intencional, inclusive de terceiro, por motivo de disputa relacionada ao trabalho;
c) ato de imprudência, de negligência ou de imperícia de terceiro ou de companheiro de trabalho;
d) ato de pessoa privada do uso da razão;
e) desabamento, inundação, incêndio e outros casos fortuitos ou decorrentes de força maior;
III – a doença proveniente de contaminação acidental do empregado no exercício de sua atividade;
IV – o acidente sofrido pelo segurado ainda que fora do local e horário de trabalho:
a) na execução de ordem ou na realização de serviço sob a autoridade da empresa;
b) na prestação espontânea de qualquer serviço à empresa para lhe evitar prejuízo ou proporcionar proveito;
c) em viagem a serviço da empresa, inclusive para estudo quando financiada por esta dentro de seus planos para melhor capacitação da mão-de-obra, independentemente do meio de locomoção utilizado, inclusive veículo de propriedade do segurado;
d) no percurso da residência para o local de trabalho ou deste para aquela, qualquer que seja o meio de locomoção, inclusive veículo de propriedade do segurado.
§ 1º Nos períodos destinados a refeição ou descanso, ou por ocasião da satisfação de outras necessidades fisiológicas, no local do trabalho ou durante este, o empregado é considerado no exercício do trabalho.
§ 2º Não é considerada agravação ou complicação de acidente do trabalho a lesão que, resultante de acidente de outra origem, se associe ou se superponha às consequências do anterior.

Portanto, quando se trata de afastamento por motivo de acidente ou doença ligada ao trabalho, é necessário que o empregador tenha em mente os conceitos e as situações elegidas pela legislação previdenciária para uma correta informação no eSocial.

Em todos os afastamentos por doença (do trabalho ou não), o empregador está obrigado ao pagamento dos quinze primeiros dias de afastamento, nos termos do Decreto n. 3.048/1999, art. 75.

A partir do 16º dia de afastamento, inicia-se a suspensão do contrato de trabalho e o pagamento do benefício previdenciário pelo INSS (art. 59 da Lei n. 8.213/1991 e art. 476 da CLT). Tais ocorrências serão informadas pela empresa no eSocial.

4.11.2 Licença-maternidade

A proteção à maternidade possui amparo na Constituição Federal e é regulamentada pela Lei n. 8.213/1991, em seu art. 71 e seguintes, e na CLT, a partir do art. 391.

Além da estabilidade provisória prevista no art. 10 do Ato das Disposições Constitucionais Transitórias (ADCT) da Constituição Federal de 1988, a trabalhadora possui o direito ao recebimento do salário-maternidade pelo prazo de 120 dias, que pode ser iniciado no período entre 28 dias antes do parto e a data de ocorrência deste.

O direito ao salário-maternidade é garantido às mães biológicas e às adotantes.

O pagamento do benefício é realizado pelo empregador nos casos em que o empregador é uma pessoa jurídica. Para a mãe adotante e para a empregada doméstica, o benefício será pago diretamente pelo INSS.

O Programa Empresa Cidadã, criado pela Lei n. 11.770, de 9 de setembro de 2008 (Brasil, 2008) possibilita a prorrogação da licença por mais 60 dias. Tal prorrogação também será informada no eSocial e só poderá ser concedida pelas empresas participantes do programa.

4.11.3 Licença-paternidade

Outro direito garantido constitucionalmente (Constituição Federal de 1988, art. 7, inciso XIX e ADCT, art. 10, § 1º do inciso II).

A Constituição Federal ampliou a licença paternidade para cinco dias, dando direito ao trabalhador de se ausentar do trabalho por esse período sem prejuízos da sua remuneração.

A licença-paternidade também pode ser prorrogada, por mais 15 dias, em conformidade com a Lei n. 11.770/2008 (alterada pela Lei n. 13.257, de 8 de março de 2016 – Brasil, 2016a). Tal prorrogação só poderá ser concedida pelas empresas participantes do Programa Empresa Cidadã. A solicitação da prorrogação é realizada sempre pelo empregado, nos termos da Lei.

4.11.4 Licença militar

O serviço militar é obrigatório para os trabalhadores durante determinada faixa etária. A CLT prevê a suspensão do contrato de trabalho para a prestação do serviço militar (art. 472 da CLT).
Logo, durante esse período, o empregador não possui responsabilidade de pagamento salarial, salvo durante os primeiros 90 dias, conforme determina o art. 472, parágrafo 5º, da CLT.
Assim como os demais afastamentos, os casos de suspensão do contrato de trabalho para a prestação do serviço militar também serão informados no eSocial por meio do evento S-2230.

4.11.5 Afastamento de férias

Como prevê a legislação trabalhista, a cada 12 meses trabalhados, o empregado terá direito a um período de 30 dias de férias. Existindo faltas não justificadas durante o período aquisitivo, o número de dias será proporcional, nos termos do art. 130 da CLT.
Uma inovação trazida pela Reforma Trabalhista, Lei n. 13.467/2017, é a possibilidade de fracionamento das férias em três períodos. Uma vez concedidas o período de férias em sua totalidade (somados os fracionamentos) as informações serão enviadas ao eSocial.

4.11.6 Considerações sobre os afastamentos dos trabalhadores

Além dos afastamentos já mencionados, podemos citar ainda o afastamento para representação sindical, a aposentadoria por invalidez, a licença remunerada e não remunerada. Enfim, são diversas as possibilidades de afastamento do trabalhador e isso gerará informações ao eSocial.

É muito importante que cada empregador gerencie cada tipo de afastamento para que as informações sejam enviadas corretamente ao eSocial.

Qualquer afastamento, alteração do afastamento, bem como as prorrogações deverão ser informados ao eSocial por meio do evento S-2230, de forma individualizada. Quanto aos prazos de envio desse evento, devem seguir os períodos determinado pelo MOS (Brasil, 2021a, p. 188-189, grifo do original):

> **Prazo de envio**: o evento de afastamento temporário deve ser informado nos seguintes prazos:
> a) Afastamento temporário ocasionado por acidente de trabalho ou doença decorrente do trabalho com duração não superior a 15 dias, deve ser enviado até o dia 15 (quinze) do mês subsequente da sua ocorrência.
> b) Afastamento temporário ocasionado por acidente de trabalho, acidente de qualquer natureza, ou doença com duração superior a 15 dias deve ser enviado até o 16º dia da sua ocorrência.
> c) Afastamentos temporários ocasionados pelo mesmo acidente ou doença não relacionados ao trabalho, que ocorrerem dentro do prazo de 60 dias e totalizarem, no somatório dos tempos, duração superior a 15 dias, independentemente da duração de cada afastamento, devem ser enviados, individualmente, até o dia em que são completados 16 dias de afastamento.
> d) Afastamento por acidente ou doença relacionados ou não ao trabalho, com qualquer duração, quando ocorrer dentro do prazo de 60 dias do retorno de afastamento anterior pela mesma doença, que tenha gerado recebimento de auxílio-doença, deve ser enviado no primeiro dia do novo afastamento.

e) Afastamento por inatividade de trabalhador avulso, portuário ou não portuário, pelo código 34 da Tabela 18 deve ser enviado a partir do 91º dia de inatividade.
f) Demais afastamentos devem ser enviados até o dia 15 (quinze) do mês subsequente ao da sua ocorrência.
g) Términos de afastamento devem ser enviados até o dia 15 (quinze) do mês subsequente à competência em que ocorreu o retorno.
h) Para os servidores de regime jurídico estatutário vinculados ao RPPS devem ser observados os prazos previstos na legislação específica

Para facilitar a compreensão, vejamos um exemplo extraído do MOS (Brasil, 2021a, p. 193):

> Exemplo: um empregado tem os seguintes afastamentos, motivados por uma mesma doençarelacionada ao trabalho.
> 1º Afastamento 1: 01/03/2019 a 03/03/2019 (3 dias);
> 2º Afastamento 2: 08/03/2019 a 17/03/2019 (10 dias); e
> 3º Afastamento 3: 18/04/2019 a 20/04/2019 (3 dias).
> Os afastamentos 1 e 2 devem ser informados até o dia 15/04/2019, sendo que o afastamento 1 deve conter o campo {infoMesmoMtv} preenchido com [N], enquanto que [sic] o afastamento 2 deve ter o campo {infoMesmoMtv} preenchido com [S]. O afastamento 3 deve ser informado até o dia 20/04/2019, com o campo {infoMesmoMtv} preenchido com [S].

É importante mencionar que sempre será necessário realizar no eSocial o encerramento de um afastamento para iniciar um novo, mesmo que eles ocorram seguidos um do outro. Podemos citar como exemplo um empregado afastado por motivo de doença e que, logo em seguida do encerramento desse período, tem afastamento para cumprimento do serviço militar. Mesmo que o empregado não retorne ao trabalho entre um afastamento e outro, o primeiro afastamento precisa ser encerrado para que o novo afastamento seja informado.

4.12 Saúde e segurança do trabalho

Como mencionamos anteriormente, os assuntos sobre Saúde e Segurança do Trabalho (SST) possuem previsão legal (art. 157 da CLT) e são de responsabilidade dos empregadores: "Art. 157 – Cabe às empresas: I – cumprir e fazer cumprir as normas de segurança e medicina do trabalho".

Confirmamos essa obrigatoriedade na Norma Regulamentadora (NR) n. 1, aprovada pela Portaria n. 6.730, de 9 de março de 2020 (Brasil, 2020b), que nos diz:

> 1.2.1.1 As NRs são de observância obrigatória pelas organizações e pelos órgãos públicos da administração direta e indireta, bem como pelos órgãos dos Poderes Legislativo, Judiciário e Ministério Público, que possuam empregados regidos pela Consolidação das Leis do Trabalho – CLT.

As normas regulamentadoras foram editadas por meio de portarias pelo antigo Ministério do Trabalho, atual Ministério da Economia. Todas elas têm amparo na CLT e precisam ser respeitadas em conformidade com a atividade da empresa.

Vejamos a lista de normas regulamentadoras e suas últimas alterações, bem como aquelas que foram recentemente revogadas:

NR-1 – Disposições Gerais
NR-2 – Inspeção Prévia–Revogada
NR-3 – Embargo ou Interdição
NR-4 – Serviços especializados em engenharia de segurança e em medicina do trabalho
NR-5 – Comissão Interna de Prevenção de Acidentes
NR-6 – Equipamento de Proteção Individual–EPI
NR-7 – Programa de Controle Médico De Saúde Ocupacional
NR-8 – Edificações
NR-9 – Programa de prevenção de riscos ambientais
NR-10 – Segurança em instalações e serviços em eletricidade
NR-11 – Transporte, movimentação, armazenagem e manuseio de materiais

NR-12 – Segurança no trabalho em máquinas e equipamentos
NR-13 – Caldeiras, vasos de pressão e tubulações e tanques metálicos de armazenamento
NR-14 – Fornos
NR-15 – Atividades e operações insalubres
NR-16 – Atividades e operações perigosas
NR-17 – Ergonomia
NR-18 – Condições e meio ambiente de trabalho na indústria da construção
(Novo Texto – Início De Vigência – 1 (Um) ano a partir da publicação da Portaria SEPRT n. 3.733, de 10 de fevereiro de 2020.
NR-19 – Explosivos
NR-20 – Segurança e saúde no trabalho com inflamáveis e combustíveis
NR-21 – Trabalhos a céu aberto
NR-22 – Segurança e saúde ocupacional na mineração
NR-23 – Proteção contra incêndios
NR-24 – Condições sanitárias e de conforto nos locais de trabalho
NR-25 – Resíduos Industriais
NR-26 – Sinalização de Segurança
NR-27 – Registro profissional do técnico de segurança do trabalho (revogada)
NR-28 – Fiscalização e penalidades
NR-29 – Norma regulamentadora de segurança e saúde no trabalho portuário
NR-30 – Segurança e saúde no trabalho aquaviário
NR-31 – Segurança e saúde no trabalho na agricultura, pecuária silvicultura, exploração florestal e aquicultura
NR-32 – Segurança e saúde no trabalho em serviços de saúde
NR-33 – Segurança e saúde nos trabalhos em espaços confinados
NR-34 – Condições e meio ambiente de trabalho na indústria da construção, reparação e desmonte naval
NR-35 – Trabalho em Altura
NR-36 – Segurança e saúde no trabalho em empresas de abate e processamento de carnes e derivados
NR-37 – Segurança e saúde em plataformas de petróleo (Guia Trabalhista, 2021b)

Os eventos relacionados à SST são os listados a seguir:

- S-2210 – comunicação de acidente do trabalho;
- S-2220 – monitoramento da saúde do trabalhador;
- S-2240 – condições ambientais de trabalho – agentes nocivos.

Alguns eventos, como o S-1060 (tabela de ambientes de trabalho) e o S-2245 (treinamentos e capacitações), foram excluídos do eSocial, assim como o evento S-2221 (exame toxicológico do motorista profissional).

4.13 Comunicação de acidente de trabalho: evento S-2210

Os acidentes de trabalho também serão informados no eSocial por meio do evento S-2210 (comunicação de acidente de trabalho). Antes do eSocial, a emissão da CAT era realizada manualmente e depois por um sistema eletrônico ligado a Previdência Social. De acordo com o art. 22 da Lei n. 8.213/1991, a emissão da CAT será realizada sempre que existir a ocorrência de acidente de trabalho. Em regra, a obrigatoriedade da emissão é do empregador, porém, a vítima, por meio do sindicato, a autoridade pública e o próprio médico assistente poderão emiti-la:

> Art. 22. A empresa ou o empregador doméstico deverão comunicar o acidente do trabalho à Previdência Social até o primeiro dia útil seguinte ao da ocorrência e, em caso de morte, de imediato, à autoridade competente, sob pena de multa variável entre o limite mínimo e o limite máximo do salário de contribuição, sucessivamente aumentada nas reincidências, aplicada e cobrada pela Previdência Social.
> § 1º Da comunicação a que se refere este artigo receberão cópia fiel o acidentado ou seus dependentes, bem como o sindicato a que corresponda a sua categoria.
> § 2º Na falta de comunicação por parte da empresa, podem formalizá-la o próprio acidentado, seus dependentes, a entidade sindical competente, o médico que o assistiu ou qualquer autoridade pública, não prevalecendo nestes casos o prazo previsto neste artigo.
> § 3º A comunicação a que se refere o § 2º não exime a empresa de responsabilidade pela falta do cumprimento do disposto neste artigo.

§ 4º Os sindicatos e entidades representativas de classe poderão acompanhar a cobrança, pela Previdência Social, das multas previstas neste artigo.
§ 5º A multa de que trata este artigo não se aplica na hipótese do caput do art. 21-A.

A emissão da CAT deverá ser realizada até o primeiro dia útil após a ocorrência do acidente de trabalho. A não observância do prazo ensejará na imposição da multa administrativa, prevista no art. 286 do Decreto n. 3.048/1999:

> Art.286. A infração ao disposto no art. 336 sujeita o responsável à multa variável entre os limites mínimo e máximo do salário de contribuição, por acidente que tenha deixado de comunicar nesse prazo.
> § 1º Em caso de morte, a comunicação a que se refere este artigo deverá ser efetuada de imediato à autoridade competente.
> § 2º A multa será elevada em duas vezes o seu valor a cada reincidência.
> § 3º A multa será aplicada no seu grau mínimo na ocorrência da primeira comunicação feita fora do prazo estabelecido neste artigo, ou não comunicada, observado o disposto nos arts.290 a 292.

Quando falamos de *afastamento por motivo de doença*, muitas vezes ocorre a concessão do benefício por incapacidade temporária, pelo INSS, com a atribuição do nexo causal (vinculando a patologia ao trabalho e gerando um benefício acidentário). Nesses casos, a empresa só deverá emitir a CAT se concordar com a natureza acidentária, caso contrário, devera contestar o nexo causal aplicado ao benefício de forma administrativa ou judicial. Sobre o envio do evento, é importante mencionar que a CAT via eSocial será informada apenas pelo empregador. Nos casos de emissão da CAT por terceiros, elas serão geradas pelo sistema atual de notificações de CAT disponibilizado no *site* da Previdência Social. Teremos sempre três tipos de CAT que poderão ser emitidas, conforme dispõe a Instrução Normativa n. 77, de 21 de janeiro de 2015 (Brasil, 2015b), do INSS:

> Art. 327. O acidente de trabalho ocorrido deverá ser comunicado ao INSS por meio da CAT, observado o art. 328, e deve se referir às seguintes ocorrências:
> I – CAT inicial: acidente do trabalho típico, trajeto, doença profissional, do trabalho ou óbito imediato;
> II – CAT de reabertura: afastamento por agravamento de lesão de acidente do trabalho ou de doença profissional ou do trabalho; ou
> III – CAT de comunicação de óbito: falecimento decorrente de acidente ou doença profissional ou do trabalho, após o registro da CAT inicial.

Ao ser enviado o evento da CAT, o eSocial irá disponibilizar um número de recibo que será a numeração da CAT. Essa numeração será utilizada para os demais eventos envolvendo o afastamento do trabalhador.

4.14 Condições ambientais de trabalho: agentes nocivos

As condições ambientais de trabalho serão informadas por meio do evento S-2240 (condições ambientais de trabalho). Esse evento é utilizado para

> registrar as condições ambientais de trabalho pelo declarante, indicando as condições de prestação de serviços pelo trabalhador, bem como para informar a exposição a agentes nocivos e o exercício das atividades descritos na 'Tabela 24 (agentes nocivos e atividades – aposentadoria especial)' do eSocial. (Brasil, 2021a, p. 200)

Estão obrigados a utilizar esse evento todos os empregadores em geral: empresas de direito privado, cooperativas, OGMO, sindicatos e órgãos públicos.

O prazo de envio é até o dia "15 do mês subsequente ao início da obrigatoriedade dos eventos de SST ou do ingresso/admissão do trabalhador. No caso de alterações da informação inicial, deve ser enviado até o dia 15 (quinze) do mês subsequente à ocorrência da alteração" (Brasil, 2021a, p. 200).

A obrigatoriedade dessa informação está vinculada à exposição a qualquer agente nocivo previsto no anexo IV do Decreto n. 3.048/1999. Caso não haja exposição a riscos, a empresa informará ausência de fator de riscos ou de atividades previstas no anexo IV desse decreto (código 09.01.001) (Brasil, 2021a).

É imprescindível a correta informação desse evento, uma vez que seus dados compõem o PPP do trabalhador a partir do período de vigência.

O PPP corresponde a um documento que contém todo o histórico laborativo do trabalhado na empresa. Sua correta elaboração dependerá das informações prestadas no eSocial (art. 68 do Decreto n. 3.048/1999).

Sobre a informação no evento S-2240, o leiaute do eSocial estabelece códigos, orientações e meios de inclusão de cada um dos dados. É importante que os empregadores gerenciem essas informações da melhor maneira possível e informem exatamente o que é necessário para esse evento, diminuindo assim os riscos de passivos trabalhistas e irregularidades perante a administração pública fiscalizadora.

4.14.1 Monitoramento da saúde do trabalhador: evento S-2220

O monitoramento da saúde dos trabalhadores é realizado por meio do evento S-2220 (monitoramento da saúde do trabalhador), que detalha as informações pertinentes ao PCMSO. Portanto, inclui todas as avaliações clínicas, os exames médicos, as datas e conclusões a respeito de cada trabalhador. Todos os empregadores estão obrigados a utilizá-lo. Só não são informados os servidores públicos não celetistas vinculados aos órgãos públicos.

O prazo para envio das informações segue a regra geral do eSocial – o evento será enviado até o dia 15 do mês seguinte ao da realização dos exames (ASO). É importante mencionar que a informação desse evento, quanto ao prazo, não altera os prazos estabelecidos na NR-07 para a realização de cada exame (admissional, periódico, de alteração de função, de retorno, demissional e seus complementares). O prazo citado só diz respeito ao envio das informações ao eSocial.

Cada empregador deverá respeitar os prazos do PCMSO desenvolvido para sua atividade.

Nos termos do MOS (Brasil, 2021a), os atestados médicos vinculados ao afastamento do trabalhador por doença ou acidente não são informados nesse evento, mas sim no evento de afastamento que já mencionamos.

4.15 Evento de folha de pagamento

A folha de pagamento é uma obrigação mensal e sua regulamentação é regida pela legislação previdenciária, art. 32 da Lei n. 8.212/1991 e no Decreto n. 3.048/1999, art. 225. Apresentamos a seguir o art. 32 da Lei n. 8.212/1991:

> Art. 32. A empresa é também obrigada a:
> I – preparar folhas-de-pagamento das remunerações pagas ou creditadas a todos os segurados a seu serviço, de acordo com os padrões e normas estabelecidos pelo órgão competente da Seguridade Social;
> [...]
> V – declarar à Secretaria da Receita Federal do Brasil e ao Conselho Curador do Fundo de Garantia do Tempo de Serviço – FGTS, na forma, prazo e condições estabelecidos por esses órgãos, dados relacionados a fatos geradores, base de cálculo e valores devidos da contribuição previdenciária e outras informações de interesse do INSS ou do Conselho Curador do FGTS;

Apresentamos a seguir o art. 225 do Decreto n. 3.048/1999:

> Art. 225. A empresa é também obrigada a:
> I – preparar folha de pagamento da remuneração paga, devida ou creditada a todos os segurados a seu serviço, devendo manter, em cada estabelecimento, uma via da respectiva folha e recibos de pagamentos;

A folha de pagamento de uma empresa está dividida entre proventos e descontos, além das contribuições previdenciárias, do FGTS e do Imposto de Renda. Nos termos da legislação vigente, a folha de pagamento deverá ser elaborada mensalmente e deverá ficar à disposição dos órgãos fiscalizadores, como a Receita Federal, além de auditorias internas e externas e estar sempre pronta para oferecer informações necessárias para a empresa.

Conforme o parágrafo 9º, art. 225, do Decreto n. 3.048/1999, a folha de pagamento deve ser elaborada mensalmente, incluindo de forma coletiva as informações por estabelecimento da empresa, por obra de construção civil e por tomador de serviços, ou seja, cada estabelecimento deverá elaborar um único arquivo contendo todos os seus trabalhadores e prestadores de serviços autônomos, incluindo os sócios que prestem serviços naquela competência e que retiraram pró-labore.

Ainda de acordo com o art. 225 do Decreto n. 3.048/1999, a folha de pagamento precisa preencher alguns requisitos:

> Art. 225 [...]
> § 9º A folha de pagamento de que trata o inciso I do **caput**, elaborada mensalmente, de forma coletiva por estabelecimento da empresa, por obra de construção civil e por tomador de serviços, com a correspondente totalização, deverá:
> I – discriminar o nome dos segurados, indicando cargo, função ou serviço prestado;
> II – agrupar os segurados por categoria, assim entendido: segurado empregado, trabalhador avulso, contribuinte individual;
> III – destacar o nome das seguradas em gozo de salário-maternidade;
> IV – destacar as parcelas integrantes e não integrantes da remuneração e os descontos legais; e
> V – indicar o número de quotas de salário-família atribuídas a cada segurado empregado ou trabalhador avulso. (grifo do original)

Quando se trata de empresas de operação portuária, nos termos do parágrafo 10, do art. 225 do Decreto n. 3.048/1999:

> Art. 225. [...]
> § 10. No que se refere ao trabalhador portuário avulso, o órgão gestor de mão de obra elaborará a folha de pagamento por navio, mantendo-a disponível para uso da fiscalização do Instituto Nacional do Seguro Social, indicando o operador portuário e os trabalhadores que participaram da operação, detalhando, com relação aos últimos:
> I – os correspondentes números de registro ou cadastro no órgão gestor de mão de obra;
> II – o cargo, função ou serviço prestado;
> III – os turnos em que trabalharam; e
> IV – as remunerações pagas, devidas ou creditadas a cada um dos trabalhadores e a correspondente totalização.

Outro ponto importante e que merece destaque é que, para fins de recolhimento das contribuições previdenciárias, a folha de pagamento sempre deverá ser elaborada por competência e não por regime de caixa. Todos os fatos geradores de contribuições previdenciárias – integrantes e não integrantes do salário de contribuição, contribuições descontadas do segurado e da empresa e os totais recolhidos por estabelecimento da empresa, por obra de construção civil e por tomador de serviços – deverão ser identificados de forma clara e precisa (§ 13, art. 225, do Decreto n. 3.048/1999).

Todo aquele que contratar trabalhador para prestar serviços de maneira autônoma, celetista, inclusive quando existir a prestação de serviços do sócio, está obrigado a elaborar a folha de pagamento e cumprir com as obrigações acidentárias.

O eSocial difere consideravelmente quanto à forma de emitir as informações. O primeiro evento, aqui chamado de *tabela*, é aquele que relaciona as rubricas da folha de pagamento (evento S-1010). Nesse evento, há uma tabela elaborada pelo eSocial que pode ser ajustada pelo empregador conforme a sua necessidade.

Já o evento S-1200 (remuneração de trabalhador vinculado ao RGPS) ou o evento S-1202 (remuneração do servidor vinculado a RPPS) geram a abertura da folha de pagamento. Neles o empregador informará todos os dados pertinentes às remunerações dos trabalhadores.

Após a informação do evento S-1200 (empresas privadas) e S-1202 (órgãos públicos), o fechamento da folha acontece com a transmissão do evento S-1299 (fechamento dos eventos periódicos).

As empresas sem movimentação (incluindo todos os seus estabelecimentos) em determinada competência e que não possuem informações para o grupo de eventos periódicos S-1200 e S-1280 estão obrigadas a informar o evento de fechamento de folha (S-1299), indicando "sem movimento". Se a inexistência de movimentação persistir para o próximo calendário, a mesma informação deverá ser prestada na primeira competência de cada ano. O MEI está dispensado desse procedimento.

A folha de pagamento para o empregador doméstico segue um sistema simplificado de informações e toda a sua alimentação e o envio de dados se dão por meio do Portal do eSocial – módulo doméstico do sistema. Logo, a folha de pagamentos do trabalhador doméstico será gerada por meio do portal pelo próprio empregador sem muita burocracia. O sistema foi desenvolvido para simplificar o gerenciamento dos dados para essa categoria.

Outra diferença encontramos na folha de pagamento realizada pelo MEI. Essa empresa, por fazer parte de uma modalidade diferenciada em que há a figura de um único sócio e um único empregado e um faturamento anual que não ultrapassa o limite de R$ 81 mil – Lei Complementar n. 123, de 14 de dezembro de 2006 (Brasil, 2006a), também possui um módulo simplificado para elaboração da folha de pagamento. O MEI somente informará o eSocial no momento em que possuir empregados.

4.16 Remunerações, pagamentos, cálculos de descontos

Para que ocorra a correta informação na folha de pagamento, é importante que sejam compreendidas conceitualmente as diferenças que existem entre salários e remuneração. Sobre o salário, Cassar (2018, p. 165) nos traz um conceito muito claro:

> Salário é toda contraprestação ou vantagem em pecúnia ou em utilidade devida e paga diretamente pelo empregador ao empregado, em virtude do contrato de trabalho. É o pagamento direto feito pelo empregador ao empregado pelos serviços prestados, pelo tempo à disposição ou quando a lei assim determinar (aviso prévio não trabalhado, 15 primeiros dias de doença etc.).

O salário poderá ser fixo ou variável. O salário fixo é aquele ajustado no contrato de trabalho, como o valor de R$ 2.500,00 (dois mil e quinhentos reais) por mês. Já o salário variável pode ser estabelecido por produção, por hora, e irá variar de acordo com as atividades realizadas pelo trabalhador.

A remuneração nada mais é do que a soma de todos os valores adquiridos pelo trabalhador durante uma certa competência, como, por exemplo, horas extras, adicionais, gorjetas, comissões etc. Vejamos o que nos diz o art. 457 da CLT, Decreto-Lei n. 5.452/1943, sobre a composição remuneratória:

> Art. 457. Compreendem-se na remuneração do empregado, para todos os efeitos legais, além do salário devido e pago diretamente pelo empregador, como contraprestação do serviço, as gorjetas que receber.
> § 1º Integram o salário a importância fixa estipulada, as gratificações legais e as comissões pagas pelo empregador. (Redação dada pela Lei n. 13.467, de 2017)
> § 2º As importâncias, ainda que habituais, pagas a título de ajuda de custo, auxílio-alimentação, vedado seu pagamento em dinheiro, diárias para viagem, prêmios e abonos não integram a remuneração

do empregado, não se incorporam ao contrato de trabalho e não constituem base de incidência de qualquer encargo trabalhista e previdenciário. (Redação dada pela Lei n. 13.467, de 2017)

§ 3º Considera-se gorjeta não só a importância espontaneamente dada pelo cliente ao empregado, como também o valor cobrado pela empresa, como serviço ou adicional, a qualquer título, e destinado à distribuição aos empregados. (Redação dada pela Lei n. 13.419, de 2017)

§ 4º Consideram-se prêmios as liberalidades concedidas pelo empregador em forma de bens, serviços ou valor em dinheiro a empregado ou a grupo de empregados, em razão de desempenho superior ao ordinariamente esperado no exercício de suas atividades.

Alguns valores, como ajuda de custo, auxílio-alimentação, diárias de viagens, prêmios e abonos perderam a sua natureza salarial com o advento da Lei n. 13.467/2017.

O art. 458 da CLT nos diz que:

Art. 458. Além do pagamento em dinheiro, compreende-se no salário, para todos os efeitos legais, a habitação, o vestuário ou outras prestações "in natura" que a empresa, por força do contrato ou do costume, fornecer habitualmente ao empregado, e, em nenhuma hipótese, será permitido o pagamento com bebidas alcoólicas ou drogas nocivas.

§ 1º Os valores atribuídos às prestações "in natura" deverão ser justos e razoáveis, não podendo exceder, em cada caso, os dos percentuais das parcelas componentes do salário-mínimo (arts. 81 e 82).

Já o parágrafo 2º do art. 458 da CLT relaciona as parcelas recebidas pelo trabalhador que não serão consideradas como salário. Vejamos:

Art. 458. [...]

§ 2º Para os efeitos previstos neste artigo, não serão consideradas como salário as seguintes utilidades concedidas pelo empregador:

I – vestuários, equipamentos e outros acessórios fornecidos aos empregados e utilizados no local de trabalho, para a prestação do serviço;

II – educação, em estabelecimento de ensino próprio ou de terceiros, compreendendo os valores relativos a matrícula, mensalidade, anuidade, livros e material didático;

III – transporte destinado ao deslocamento para o trabalho e retorno, em percurso servido ou não por transporte público; (Incluído pela Lei n. 10.243, de 19.6.2001)
IV – assistência médica, hospitalar e odontológica, prestada diretamente ou mediante seguro-saúde; (Incluído pela Lei n. 10.243, de 19.6.2001)
V – seguros de vida e de acidentes pessoais; (Incluído pela Lei n. 10.243, de 19.6.2001)
VI – previdência privada; (Incluído pela Lei n. 10.243, de 19.6.2001)
VII – (VETADO) (Incluído pela Lei n. 10.243, de 19.6.2001)
VIII – o valor correspondente ao vale-cultura. (Incluído pela Lei n. 12.761, de 2012)
§ 3º – A habitação e a alimentação fornecidas como salário-utilidade deverão atender aos fins a que se destinam e não poderão exceder, respectivamente, a 25% (vinte e cinco por cento) e 20% (vinte por cento) do salário-contratual.(Incluído pela Lei n. 8.860, de 24.3.1994)
§ 4º – Tratando-se de habitação coletiva, o valor do salário-utilidade a ela correspondente será obtido mediante a divisão do justo valor da habitação pelo número de co-habitantes, vedada, em qualquer hipótese, a utilização da mesma unidade residencial por mais de uma família.(Incluído pela Lei n. 8.860, de 24.3.1994)
§ 5º O valor relativo à assistência prestada por serviço médico ou odontológico, próprio ou não, inclusive o reembolso de despesas com medicamentos, óculos, aparelhos ortopédicos, próteses, órteses, despesas médico-hospitalares e outras similares, mesmo quando concedido em diferentes modalidades de planos e coberturas, não integram o salário do empregado para qualquer efeito nem o salário de contribuição, para efeitos do previsto na alínea *q* do § 9º do art. 28 da Lei n. 8.212, de 24 de julho de 1991. (Incluído pela Lei n. 13.467, de 2017) (grifo do original)

Temos ainda outros valores que compõem a remuneração do trabalhador, como os adicionais de periculosidade e de insalubridade, adicional noturno e adicional de transferência. Por isso, é muito importante que o empregador esteja atento à legislação trabalhista para assim informar corretamente os valores remuneratórios e que ensejaram o pagamento das contribuições previdenciárias.

Portanto, todos os valores pagos ao trabalhador deverão ser informados na folha de pagamento, mas somente as rubricas identificadas com a devida natureza salarial serão base de cálculo para as contribuições previdenciárias.

A última versão do leiaute e MOS sobre a qual estamos trabalhando (Brasil, 2021a) nos diz que o prazo do envio das informações ao eSocial é até o dia 15 do mês subsequente (para os eventos de folha de pagamento e demais eventos em sua maioria). Isso não influencia nos prazos legais de pagamento do salário ao trabalhador. O prazo de pagamento dos salários continua sendo até o 5º dia útil do mês seguinte para os mensalistas. Já para os salários pagos por quinzena ou semana, o pagamento deve ser efetuado até o 5º dia após o vencimento.

Após o pagamento dos salários, a emissão de recibos de pagamentos continua sendo obrigatória. Nesse documento o empregador tem a obrigação de informar todas as verbas e os descontos devidamente detalhados (art. 464 da CLT).

4.16.1 Desconto de tributos obrigatórios

Referente aos descontos salariais, não poderíamos deixar de mencionar a obrigatoriedade existente sobre as contribuições previdenciárias e o Imposto de Renda. Tais valores são descontados do trabalhador de forma compulsória.

Efetuado o devido desconto, o empregador não poderá se apoderar dos valores, mas, sim, realizar o recolhimento de forma imediata. A apropriação de tais valores é considerada crime de "apropriação indébita", nos termos do art. 168-A do Código Penal (CP), Decreto-Lei n. 2.848, de 7 de dezembro de 1940 (Brasil, 1940), podendo ocasionar, inclusive, prisão.

A previsão legal que ampara o desconto e o recolhimento das contribuições encontra-se no art. 216 do Decreto n. 3.048/1999:

> Art. 216. A arrecadação e o recolhimento das contribuições e de outras importâncias devidas à seguridade social, observado o que a respeito dispuserem o Instituto Nacional do Seguro Social e a Secretaria da Receita Federal, obedecem às seguintes normas gerais:
> I – a empresa é obrigada a:

a) arrecadar a contribuição do segurado empregado, do trabalhador avulso e do contribuinte individual a seu serviço, descontando-a da respectiva remuneração;

Com a Reforma Previdenciária promovida pela Emenda Constitucional n. 103, 12 de novembro de 2019 (Brasil, 2019e), a partir de março de 2020 novas alíquotas entraram em vigor, sendo elas: 7,5%, 9%, 12% e 14%, as quais são calculadas de forma progressiva e sempre sobre o valor bruto da remuneração recebida pelo empregado.

Nos casos de múltiplos vínculos, os descontos serão realizados considerando a somatória das contribuições e respeitando sempre o teto máximo do salário de contribuição. Por isso, é muito importante que, no momento da contratação de um trabalhador, a empresa se certifique se ele possui mais de um vínculo e garanta que mensalmente ou periodicamente (quando a remuneração não é variável) informe à empresa sobre seus ganhos mensais para o correto cálculo e desconto das contribuições previdenciárias.

Além das contribuições descontadas dos salários, temos também a incidência das contribuições patronais sobre a folha de pagamento que, em regra, são: a contribuição previdenciária patronal de 20%, alíquota RAT e contribuição para outras entidades e fundos. Temos algumas exceções a essa regra que devem ser consultadas na legislação previdenciária, como as instituições bancárias, que possuem acréscimo de 2,5% sobre a contribuição patronal em virtude da sua atividade.

Empresas do Simples Nacional, exceto aquelas enquadradas no Anexo IV da Lei Complementar n. 123/2006, não realizam qualquer contribuição patronal na folha de pagamento – apenas as empresas do anexo IV recolhem a cota patronal de 20% e alíquota RAT.

4.17 Obrigações geradas na folha de pagamento: recolhimento das contribuições

Após o envio de todos os eventos ao eSocial, o sistema reporta alguns eventos de fechamento para que a empresa se certifique de que não existem erros ou inconsistências nas informações prestadas.

A empresa, ao enviar o evento S-1299, informa que foi encerrado aquele determinado período de apuração. A partir desse momento, as informações são consolidadas. Após o envio do fechamento, o eSocial reportará alguns eventos ao empregador, sendo eles (Brasil, 2021a):

1. S-5001 – informações das contribuições sociais consolidadas por trabalhador;
2. S-5002 – Imposto de Renda Retido na Fonte (IRRF);
3. S-5003 – informações do FGTS por trabalhador;
4. S-5011 – informações das contribuições sociais consolidadas por contribuinte;
5. S-5013 – informações do FGTS consolidadas por contribuinte.

O retorno das informações não gera as guias de recolhimentos para a empresa. Os valores dos encargos devem ser contabilizados e as guias devem ser emitidas através da Declaração de Débitos e Créditos Tributários Federais Previdenciários e de Outras Entidades e Fundos (DCTFWeb). As guias do FGTS, até o momento, são emitidas pelo *site* da Caixa Econômica Federal (Brasil, 2020a).

4.18 Penalidades e mudanças

Muito se tem perguntado sobre as penalidades vinculadas ao eSocial. Em primeiro lugar, até o presente momento não temos qualquer penalidade trabalhista criada pelo eSocial. As penalidades já estão previstas na legislação tanto trabalhista quanto previdenciária.

As multas trabalhistas estão previstas na CLT. Citamos algumas das penalidades no quadro a seguir apenas para conhecimento:

Quadro 4.2 – Multas trabalhistas

Infração	Dispositivo infringido	Base legal da multa	Quantidade de UFIR[2]		Observações
			Mínimo	Máximo	
Obrigatoriedade da CTPS	CLT, art. 13	CLT, art. 55	378,284	378,284	–
Falta de anotação da CTPS	CLT, art. 29	CLT, art. 54	378,284	378,284	–
Falta de registro de empregado	CLT, art. 41	CLT, art. 47	378,284	378,284	por empregado, dobrado na reincidência

Fonte: Guia Trabalhista, 2021a.

Como o eSocial está substituindo gradativamente as declarações acessórias, como já ocorreu com a Rais, o Caged etc., em caso de envio das informações fora do prazo, a legislação de cada uma dessas declarações que foram substituídas prevê multas específicas que podem ser cobradas pelo Ministério da Economia.

---

[2] UFIR (Unidade Fiscal de Referência): indexador utilizado como parâmetro de atualização do saldo devedor de tributos e outras multas e penalidades.

Outro exemplo que podemos citar é a manutenção de um empregado sem as devidas anotações na CTPS e no LRE. O art. 47 da CLT prevê que

> Art. 47. O empregador que mantiver empregado não registrado nos termos do art. 41 desta Consolidação ficará sujeito a multa no valor de R$3.000,00 (três mil reais) por empregado não registrado, acrescido de igual valor em cada reincidência.

Logo, a informação de uma admissão retroativa poderá ensejar a multa citada.

Toda atenção é necessária para o cumprimento rigoroso de todos os prazos legais previstos para que multas e fiscalizações não venham ocorrer na empresa.

CONSIDERAÇÕES FINAIS

Como pudemos observar no decorrer desta obra, o direito trabalhista é amplo e a possibilidade de existência de passivos trabalhistas, em pequenas e grandes empresas, é algo muito natural e corriqueiro. Dificilmente veremos alguma empresa sem demandas trabalhistas. No entanto, é possível minimizar os impactos desses eventos com um gerenciamento eficaz preventivo do contencioso trabalhista.

O gerenciamento preventivo começa com o conhecimento da legislação trabalhista por parte dos gestores. Uma vez encontradas áreas sensíveis e ilegalidades, a melhor saída é sempre a adoção de procedimentos internos para sanar as demandas e minimizar os impactos causados pelo mau gerenciamento.

Exploramos neste livro os principais pontos relacionados com a gestão do contencioso trabalhista, abrangendo também as rotinas trabalhistas com o eSocial. Os assuntos atualmente se encontram interligados. Não podemos pensar em gestão do contencioso trabalhista sem incluir as tarefas existentes nas rotinas trabalhistas e suas demandas em relação ao eSocial.

Não podemos afirmar a existência de uma "fórmula mágica" para afastar os riscos causados pelo empreendedorismo e a má gestão, mas podemos, em certa medida, promover novas culturas organizacionais por meio da governança corporativa.

Esperamos que este material possa contribuir de alguma maneira para o seu crescimento profissional e auxiliar no desenvolvimento de novas estratégias de gestão voltadas a prevenção do contencioso trabalhista.

LISTA DE SIGLAS

BTN – Bônus do Tesouro Nacional
CAEPF – Cadastro de Atividades Econômicas da Pessoa Física
CC – Código Civil
Cefast – Centro de Formação e Aperfeiçoamento de Assessores e Servidores do Tribunal Superior do Trabalho
CEI – Cadastro Específico do INSS
CF – Constituição Federal
CLT – Consolidação das Leis do Trabalho
CNIS – Cadastro Nacional de Informações Sociais
CP – Código Penal CPC: Código de Processo Civil
CSJT – Conselho Superior da Justiça do Trabalho
CSJT – Conselho Superior da Justiça do Trabalho
CTPS – Carteira de Trabalho e Previdência Social (CTPS)
DCTFWeb – Declaração de Débitos e Créditos Tributários Federais Previdenciários e de Outras Entidades e Fundos
DF – Distrito Federal
Enamat – Escola Nacional de Formação e Aperfeiçoamento de Magistrados do Trabalho
FGTS – Fundo de Garantia do Tempo de Serviço
FPAS – Fundo da Previdência e Assistência Social

MEI – Microempreendedor Individual
MPT – Ministério Público do Trabalho
MPU – Ministério Público da União
MTP – Ministério do Trabalho e Previdência
PIS/Pasep – Programa de Integração Social e o Programa de Formação do Patrimônio do Servidor Público
PJe – Processo Judicial eletrônico
RET – Registro de Eventos Trabalhistas
SEPRT – Secretaria Especial de Previdência e Trabalho
STJ – Superior Tribunal de Justiça
TJ – Tribunal de Justiça
TRTs – Tribunais Regionais do Trabalho
TST – Tribunal Superior do Trabalho

REFERÊNCIAS

BRASIL, Lei n. 12.506, de 11 de outubro de 2011. **Diário Oficial da União**, Poder Legislativo, 13 out. 2011. Disponível em: <http://www.planalto.gov.br/ccivil_03/_ato2011-2014/2011/lei/l12506.htm>. Acesso em: 15 ago. 2020.

BRASIL. Lei n. 13.257, de 8 de março de 2016. **Diário Oficial da União**, Poder Legislativo, 9 mar. 2016a. Disponível em: <http://www.planalto.gov.br/ccivil_03/_ato2015-2018/2016/lei/l13257.htm>. Acesso em: 22 jun. 2021.

BRASIL. Caixa Econômica Federal. **FGTS**: Fundo de Garantia do Tempo de Serviço. 2020a. Disponível em: <https://www.caixa.gov.br/beneficios-trabalhador/fgts/Paginas/default.aspx>. Acesso em: 28 out. 2021.

BRASIL. Comitê Diretivo do eSocial. **Manual de Orientação do eSocial**: Versão S-1.0. Brasília, jul. 2021a. Disponível em: <https://www.gov.br/esocial/pt-br/documentacao-tecnica/manuais/mos-s-1-0-consolidada-ate-a-no-s-1-0-07-2021-retif-02082021.pdf>. Acesso em: 28 out. 2021.

BRASIL. Comitê Diretivo do eSocial. **Manual de Orientação do eSocial**: versão 2.5.01. Brasília, jan. 2019a. Disponível em: <https://www.gov.br/esocial/pt-br/documentacao-tecnica/manuais/mos-2-5-01.pdf>. Acesso em: 28 out. 2021.

BRASIL. Comitê Diretivo do eSocial. Resolução do Comitê Diretivo do eSocial n. 2, de 30 de agosto de 2016 (consolidada). **Diário Oficial da União**, 31 ago. 2016b. Disponível em: <https://portal.esocial.gov.br/institucional/legislacao/resolucao-do-comite-diretivo-do-esocial-no-2-de-30-de-agosto-de-2016-consolidada>. Acesso em: 28 out. 2021.

BRASIL. Comitê Diretivo do eSocial. Resolução n. 5, de 2 de outubro de 2018. **Diário Oficial da União**, Poder Executivo, 5 out. 2018a. Disponível em: <https://www.in.gov.br/materia/-/asset_publisher/Kujrw0TZC2Mb/content/id/44100837/do1-2018-10-05-resolucao-n-5-de-2-de-outubro-de-2018-44100640>. Acesso em: 28 out. 2021.

BRASIL. Conselho Superior da Justiça do Trabalho. Resolução n. 185, de 24 de março de 2017. **Diário da Justiça**, 25 mar. 2017a. Disponível em: <https://juslaboris.tst.jus.br/bitstream/handle/20.500.12178/102716/2017_res0185_csjt_rep04.pdf?sequence=21&isAllowed=y>. Acesso em: 28 out. 2021.

BRASIL. Constituição (1988). **Diário Oficial da União**, Brasília, DF, 5 out. 1988a. Disponível em: <https://www.planalto.gov.br/ccivil_03/constituicao/constituicao.htm>. Acesso em: 28 out. 2021.

BRASIL. Decreto n. 3.048, de 6 de maio de 1999. **Diário Oficial da União**, Poder Executivo, 7 maio 1999. Disponível em: <https://www.planalto.gov.br/ccivil_03/decreto/d3048compilado.htm>. Acesso em: 28 out. 2021.

BRASIL. Decreto n. 4.552, de 27 de dezembro de 2002. **Diário Oficial da União**, Poder Executivo, 27 dez. 2002a. Disponível em: <https://www.planalto.gov.br/ccivil_03/decreto/2002/d4552.htm>. Acesso em: 28 out. 2021.

BRASIL. Decreto n. 8.373, de 11 de dezembro de 2014. **Diário Oficial da União**, Poder Executivo, 12 dez. 2014. Disponível em: <https://www.planalto.gov.br/ccivil_03/_ato2011-2014/2014/decreto/d8373.htm>. Acesso em: 28 out. 2021.

BRASIL. Decreto n. 9.745, de 8 de abril de 2019. **Diário Oficial da União**, Poder Executivo, 9 abr. 2019b. Disponível em: <https://www.planalto.gov.br/ccivil_03/_ato2019-2022/2019/decreto/D9745.htm>. Acesso em: 28 out. 2021.

BRASIL. Decreto n. 9.944, de 30 de julho de 2019. **Diário Oficial da União**, Poder Executivo, 31 jul. 2019c. Disponível em: <https://www.planalto.gov.br/ccivil_03/_Ato2019-2022/2019/Decreto/D9944.htm>. Acesso em: 28 out. 2021.

BRASIL. Decreto n. 10.087, de 5 de novembro de 2019. **Diário Oficial da União**, Poder Executivo, 6 nov. 2019d. Disponível em: <http://www.planalto.gov.br/ccivil_03/_ato2019-2022/2019/decreto/D10087.htm>. Acesso em: 28 out. 2021.

BRASIL. Decreto-Lei n. 779, de 21 de agosto de 1969. **Diário Oficial da União**, Poder executivo, 21 ago. 1969. Disponível em: <https://www.planalto.gov.br/ccivil_03/decreto-lei/del0779.htm>. Acesso em: 28 out. 2021.

BRASIL. Decreto-Lei n. 2.848, de 7 de dezembro de 1940. **Diário Oficial da União**, Poder Executivo, 31 dez. 1940. Disponível em: <https://www.planalto.gov.br/ccivil_03/decreto-lei/del2848compilado.htm>. Acesso em: 28 out. 2021.

BRASIL. Decreto-Lei n. 5.452, de 1º de maio de 1943. **Diário Oficial da União**, Poder Executivo, 9 ago. 1943. Disponível em: <https://www.planalto.gov.br/ccivil_03/decreto-lei/del5452.htm>. Acesso em: 28 out. 2021.

BRASIL. Emenda Constitucional n. 103, 12 de novembro de 2019. **Diário Oficial da União**, Poder Legislativo, 13 nov. 2019e. Disponível em: <https://www.planalto.gov.br/ccivil_03/constituicao/emendas/emc/emc103.htm>. Acesso em: 28 out. 2021.

BRASIL. ESocial. **Consulta qualificação cadastral**. Disponível em: <http://consultacadastral.inss.gov.br/Esocial/pages/index.xhtml>. Acesso em: 28 out. 2021b.

BRASIL. ESocial. Disponível em: <https://www.gov.br/esocial/pt-br>. Acesso em: 28 out. 2021c.

BRASIL. ESocial: Nota Técnica n. 15/2019 – ajustes dos leiautes versão 2.5. 2 ago. 2019f. Disponível em: <https://www.gov.br/esocial/pt-br/documentacao-tecnica/manuais/nota-tecnica-15-2019.pdf>. Acesso em: 28 out. 2021.

BRASIL. ESocial: Nota Técnica n. 15/2019 (revisada) – ajustes dos leiautes versão 2.5. Brasília, 9 set. 2019g. Disponível em: <http://www.normaslegais.com.br/legislacao/esocial-nota-tecnica-15-2019-revisada.pdf>. Acesso em: 28 out. 2021.

BRASIL. Lei n. 5.584, de 26 de junho de 1970. **Diário Oficial da União**, Poder Legislativo, 26 jun. 1970. Disponível em: <https://www.planalto.gov.br/ccivil_03/leis/l5584.htm>. Acesso em: 28 out. 2021.

BRASIL. Lei n. 6.830, de 22 de setembro de 1980. **Diário Oficial da União**, Poder Legislativo, 22 set. 1980. Disponível em: <https://www.planalto.gov.br/ccivil_03/leis/l6830.htm#:~:text=LEI%20No%206.830%2C%20DE,Art>. Acesso em: 28 out. 2021.

BRASIL. Lei n. 7.701, de 21 de dezembro de 1988. **Diário Oficial da União**, Poder Executivo, 22 dez. 1988b. Disponível em: <http://www.planalto.gov.br/ccivil_03/leis/l7701.htm>. Acesso em: 28 out. 2021.

BRASIL. Lei n. 7.799, de 10 de julho de 1989. **Diário Oficial da União**, Poder Executivo, 11 jul. 1989. Disponível em: <http://www.planalto.gov.br/ccivil_03/leis/L7799.htm>. Acesso em: 28 out. 2021.

BRASIL. Lei n. 8.177, de 1º de março de 1991. **Diário Oficial da União**, Poder Executivo, 4 mar. 1991c. Disponível em: <http://www.planalto.gov.br/ccivil_03/leis/l8177.htm>. Acesso em: 2 ago. 2021.

BRASIL. Lei n. 8.212, de 24 de julho de 1991. **Diário Oficial da União**, Poder Executivo, 25 jul. 1991a. Disponível em: <https://www.planalto.gov.br/ccivil_03/leis/l8212cons.htm>. Acesso em: 28 out. 2021.

BRASIL. Lei n. 8.213, de 24 de julho de 1991. **Diário Oficial da União**, Poder Executivo, 2 jul. 1991b. Disponível em: <https://www.planalto.gov.br/ccivil_03/leis/l8213cons.htm>. Acesso em: 28 out. 2021.

BRASIL. Lei n. 8.906, de 4 de julho de 1994. **Diário Oficial da União**, Poder Legislativo, 5 jul. 1994. Disponível em: <https://www.planalto.gov.br/ccivil_03/leis/l8906.htm>. Acesso em: 28 out. 2021.

BRASIL. Lei n. 9.307, de 23 de setembro de 1996. **Diário Oficial da União**, Poder Legislativo, 24 set. 1996. Disponível em: <https://www.planalto.gov.br/ccivil_03/leis/l9307.htm>. Acesso em: 25 dez. 2020.

BRASIL. Lei n. 10.406, de 10 de janeiro de 2002. **Diário Oficial da União**, Poder Legislativo, 11 jan. 2002b. Disponível em: <https://www.planalto.gov.br/ccivil_03/leis/2002/l10406compilada.htm>. Acesso em: 28 out. 2021.

BRASIL. Lei n. 11.419, de 19 de dezembro de 2006. **Diário Oficial da União**, Poder Legislativo, 20 dez. 2006b. Disponível em: <https://www.planalto.gov.br/ccivil_03/_Ato2004-2006/2006/Lei/L11419.htm>. Acesso em: 28 out. 2021.

BRASIL. Lei n. 11.770, de 9 de setembro de 2008. **Diário Oficial da União**, Poder Legislativo, 10 set. 2008. Disponível em: <http://www.planalto.gov.br/ccivil_03/_ato2007-2010/2008/lei/l11770.htm>. Acesso em: 28 out. 2021.

BRASIL. Lei n. 13.105, de 16 de março de 2015. **Diário Oficial da União**, Poder Legislativo, 17 mar. 2015a. Disponível em: <https://www.planalto.gov.br/ccivil_03/_ato2015-2018/2015/lei/l13105.htm>. Acesso em: 28 out. 2021.

BRASIL. Lei n. 13.467, de 13 de julho de 2017. **Diário Oficial da União**, Poder Legislativo, 14 jul. 2017b. Disponível em: <https://www.planalto.gov.br/ccivil_03/_ato2015-2018/2017/lei/l13467.htm>. Acesso em: 28 out. 2021.

BRASIL. Lei n. 13.709, de 14 de agosto de 2018. **Diário Oficial da União**, Poder Executivo, 15 ago. 2018b. Disponível em: <http://www.planalto.gov.br/ccivil_03/_ato2015-2018/2018/lei/l13709.htm>. Acesso em: 28 out. 2021.

BRASIL. Lei n. 13.844, de 18 de junho de 2019. **Diário Oficial da União**, Poder Executivo, 18 jun. 2019h. Disponível em: <https://www.planalto.gov.br/ccivil_03/_ato2019-2022/2019/lei/L13844.htm>. Acesso em: 28 out. 2021.

BRASIL. Lei n. 13.874, de 20 de setembro de 2019. **Diário Oficial da União**, Poder Executivo, 20 set. 2019i. Disponível em: <http://www.planalto.gov.br/ccivil_03/_ato2019-2022/2019/lei/L13874.htm>. Acesso em: 28 out. 2021.

BRASIL. Lei Complementar n. 75, de 20 de maio de 1993. **Diário Oficial da União**, Poder Legislativo, 21 maio 1993a. Disponível em: <https://www.planalto.gov.br/ccivil_03/leis/lcp/Lcp75.htm>. Acesso em: 25 ago. 2021.

BRASIL. Lei Complementar n. 123, de 14 de dezembro de 2006. **Diário Oficial da União**, Poder Legislativo, 15 dez. 2006a. Disponível em: <http://www.planalto.gov.br/ccivil_03/Leis/LCP/Lcp123.htm>. Acesso em: 28 out. 2021.

BRASIL. Medida Provisória n. 905, 11 de novembro de 2019. **Diário Oficial da União**, Poder Executivo, 12 nov. 2019j. Disponível em: <https://www.planalto.gov.br/ccivil_03/_Ato2019-2022/2019/Mpv/mpv905.htm>. Acesso em: 28 out. 2021.

BRASIL. Medida Provisória n. 1.058, de 27 de julho de 2021. **Diário Oficial da União**, Poder Executivo, 28 jul. 2021b. Disponível em: <http://www.planalto.gov.br/ccivil_03/_ato2019-2022/2021/Mpv/mpv1058.htm>. Acesso em: 28 out. 2021.

BRASIL. Ministério da Economia. Secretaria Especial de Previdência e Trabalho. Portaria Conjunta n. 71, de 29 de junho de 2021. **Diário Oficial da União**, 2 jul. 2021d. Disponível em: <https://www.in.gov.br/web/dou/-/portaria-conjunta-seprt/rfb/me-n-71-de-29-de-junho-de-2021-329487308>. Acesso em: 28 out. 2021.

BRASIL. Ministério da Economia. Secretaria Especial de Previdência e Trabalho. Portaria SEPRT n. 477, de 12 de janeiro de 2021. Diário Oficial da União, 13 jan. 2021e. Disponível em: <https://www.in.gov.br/en/web/dou/-/portaria-seprt/me-n-477-de-12-de-janeiro-de-2021-298858991>. Acesso em: 28 out. 2021.

BRASIL. Ministério da Economia. Secretaria Especial de Previdência e Trabalho. Portaria n. 1.065, de 23 de setembro de 2019. Diário Oficial da União, 24 set. 2019k. Disponível em: <https://www.in.gov.br/en/web/dou/-/portaria-n-1.065-de-23-de-setembro-de-2019-217773828>. Acesso em: 28 out. 2021.

BRASIL. Ministério da Economia. Secretaria Especial de Previdência e Trabalho. Portaria n. 1.127, de 14 de outubro de 2019. Diário Oficial da União, 15 out. 2019l. Disponível em: <https://www.in.gov.br/en/web/dou/-/portaria-n-1.127-de-14-de-outubro-de-2019-221811213>. Acesso em: 28 out. 2021.

BRASIL. Ministério da Economia. Secretaria Especial de Previdência e Trabalho. Portaria n. 1.195, de 30 de outubro de 2019. Diário Oficial da União, 31 out. 2019m. Disponível em: <https://www.in.gov.br/en/web/dou/-/portaria-n-1.195-de-30-de-outubro-de-2019-224742577>. Acesso em: 28 out. 2021.

BRASIL. Ministério da Economia. Secretaria Especial de Previdência e Trabalho. Portaria n. 6.730, de 9 de março de 2020. Diário Oficial da União, 12 mar. 2020b. Disponível em: <https://www.in.gov.br/en/web/dou/-/portaria-n-6.730-de-9-de-marco-de-2020-247538988>. Acesso em: 28 out. 2021.

BRASIL. Ministério da Previdência Social. Instituto Nacional do Seguro Social. Instrução Normativa n. 77, de 21 de janeiro de 2015. Diário Oficial da União, 21 jan. 2015b. Disponível em: <https://www.in.gov.br/materia/-/asset_publisher/Kujrw0TZC2Mb/content/id/32120879/do1-2015-01-22-instrucao-normativa-n-77-de-21-de-janeiro-de-2015-32120750>. Acesso em: 28 out. 2021.

BRASIL. Ministério do Trabalho e Emprego. Secretaria de Relações do Trabalho. **Nota técnica n. 184, de 7 de maio de 2012.** Disponível em: <http://www.guiatrabalhista.com.br/tematicas/nota-tecnica-MTE-184_2012.pdf>. Acesso em: 28 out. 2021.

BRASIL. Ministério do Trabalho e Previdência. **Norma Regulamentadora n. 07 (NR-07), de 22 de outubro de 2020c.** Disponível em: <https://www.gov.br/trabalho-e-previdencia/pt-br/composicao/orgaos-especificos/secretaria-de-trabalho/inspecao/seguranca-e-saude-no-trabalho/ctpp-nrs/norma-regulamentadora-no-7-nr-7>. Acesso em: 28 out. 2021.

BRASIL. Receita Federal do Brasil. Instrução Normativa n. 1.701, de 14 de março de 2017. *Diário Oficial da União*, 16 mar. 2017c. Disponível em: <http://normas.receita.fazenda.gov.br/sijut2 consulta/link.action?visao=anotado&idAto=81226>. Acesso em: 28 out. 2021.

BRASIL. Receita Federal do Brasil. Instrução Normativa n. 1.828, de 10 de setembro de 2018. *Diário Oficial da União*, 11 set. 2018c. Disponível em: <http://normas.receita.fazenda.gov.br/sijut2 consulta/link.action?visao=anotado&idAto=94704>. Acesso em: 28 out. 2021.

BRASIL. Receita Federal do Brasil. Instrução Normativa n. 1.845, de 22 de novembro de 2018. *Diário Oficial da União*, 23 nov. 2018d. Disponível em: <http://normas.receita.fazenda.gov.br/sijut2 consulta/link.action?visao=anotado&idAto=96755>. Acesso em: 28 out. 2021.

BRASIL. Receita Federal do Brasil. Instrução Normativa n. 971, de 13 de novembro de 2009. *Diário Oficial da União*, 17 nov. 2009. Disponível em: <http://normas.receita.fazenda.gov.br/sijut2 consulta/link.action?idAto=15937>. Acesso em: 28 out. 2021.

BRASIL. **Receita Federal**. Disponível em: <https://www.gov.br/receitafederal/pt-br>. Acesso em: 28 out. 2021f.

BRASIL. Receita Federal. **ECAC – Centro Virtual de Atendimento ao Contribuinte**. Disponível em: <https://cav.receita.fazenda.gov.br/autenticacao/login>. Acesso em: 28 out. 2021g.

BRASIL. **Sistema eSocial**: n. 2019.19 – nota orientativa 2019.19 – Orientações sobre obrigatoriedade de preenchimento de grupos, campos e eventos na versão revisada do leiaute 2.5. Brasília, ago. 2019n. Disponível em: <https://www.gov.br/esocial/pt-br/documentacao-tecnica/manuais/nota-orientativa-019-2019.pdf>. Acesso em: 28 out. 2021.

BRASIL. **Súmulas do STF**. 2020d. Disponível em: <http://portal.stf.jus.br/textos/verTexto.asp?servico=jurisprudenciaSumula>. Acesso em: 28 out. 2021.

BRASIL. Superior Tribunal de Justiça. **Súmulas do STJ**. 2020e. Disponível em: <https://www.stj.jus.br/docs_internet/SumulasSTJ.pdf>. Acesso em: 28 out. 2021.

BRASIL. Tribunal Superior do Trabalho. **Assuntos no TST**: ranking de assuntos mais recorrentes no TST em abril de 2021. Disponível em: <https://www.tst.jus.br/web/estatistica/tst/assuntos-mais-recorrentes>. Acesso em 28 out. 2021h.

BRASIL. Tribunal Superior do Trabalho. Ouvidoria do Tribunal Superior do Trabalho. **Sobre a Justiça do Trabalho**. Disponível em: <https://www.tst.jus.br/web/acesso-a-informacao/justica-do-trabalho>. Acesso em: 28 out. 2021i.

BRASIL. Tribunal Superior do Trabalho. **Regimento Interno do Tribunal Superior do Trabalho**: aprovado pela Resolução Administrativa n. 1.937, de 20 de novembro de 2017. Brasília: Tribunal Superior do Trabalho, 2017d. Disponível em: <https://juslaboris.tst.jus.br/bitstream/handle/20.500.12178/116169/2017_ra1937_ri_tst_rep01_livro_atualizado.pdf?sequence=19&isAllowed=y>. Acesso em 28 out. 2021.

BRASIL. Tribunal Superior do Trabalho. **Sobre a Justiça do Trabalho**. Disponível em: <https://www.tst.jus.br/web/acesso-a-informacao/justica-do-trabalho>. Acesso em: 21 out. 2021i.

BRASIL. Tribunal Superior do Trabalho. Secretaria do Tribunal Pleno. Instrução Normativa n. 3, de 5 de março de 1993. **Diário da Justiça**, 12 mar. 1993b. Disponível em: <https://juslaboris.tst.jus.br/bitstream/handle/20.500.12178/5132/1993_in0003.pdf?sequence=1>. Acesso em: 28 out. 2021.

BRASIL. Tribunal Superior do Trabalho. **Súmulas, Orientações Jurisprudenciais (Tribunal Pleno/Órgão Especial, SBDI-I, SBDI-I transitória, SBDI-II e SDC), precedentes normativos.** Brasília, 2020f. Disponível em: <https://www.tst.jus.br/web/guest/livro-de-sumulas-ojs-e-pns>. Acesso em: 28 out. 2021.

CALCINI, R.; ARAÚJO, F. C. de. Meios alternativos de solução de conflitos trabalhistas. **Consultor Jurídico**, 10 dez. 2020. Disponível em: <https://www.conjur.com.br/2020-dez-10/pratica-trabalhista-meios-alternativos-solucao-conflitos-trabalhistas>. Acesso em: 28 out. 2021.

CAPPELLETTI, M. **Acesso à justiça**. Tradução de Ellen Gracie Northfleet. Porto Alegre: Fabris, 1998.

CAPPELLETTI, M.; GARTH, B. **Acesso à justiça**. Tradução Ellen Gracie Northfleet. Porto Alegre: Sergio Antonio Fabris Editor, 2002.

CARNELUTTI, F. **Instituições do processo civil**. Campinas: Servanda, 1999. v. 1.

CASSAR, V. B. **Direito do trabalho**. 7. ed. rev. Rio de Janeiro: Forense; São Paulo: Método, 2018.

CONFLITO. In: **Aulete Digital**. Disponível em: <https://aulete.com.br/conflito>. Acesso em: 1º mar. 2021.

DE PLÁCIDO E SILVA, O. J. **Vocabulário jurídico**. 28. ed. Rio de Janeiro: Forense; 2009.

DELGADO, M. G. Arbitragem, mediação e comissão de conciliação prévia no direito do trabalho brasileiro. **Revista LTr**, São Paulo, v. 66, n. 6, p. 663-670, jun. 2002.

GARCIA, G. F. B. **Curso de direito processual do trabalho**. 6. ed. Rio de Janeiro: Forense, 2017.

GOIÁS. Justiça do Trabalho. Tribunal Regional do Trabalho 18ª Região. 2019. **Competência e atribuições**. Disponível em: <https:www.trt18.jus.br/portal/institucional/justica-do-trabalho/competencia-e-atribuicoes-da-justica-do-trabalho>. Acesso em: 28 out. 2021.

GUIA TRABALHISTA. **Multas por infrações à legislação trabalhista.** Disponível em: <http://www.guiatrabalhista.com.br/guia/multas.htm>. Acesso em: 28 out. 2021a.

GUIA TRABALHISTA. **Normas regulamentadoras**: segurança e saúde do trabalho. Disponível em: <http://www.guiatrabalhista.com.br/legislacao/nrs.htm>. Acesso em: 28 out. 2021b.

JORGE NETO, F. F.; CAVALCANTE, J. Q. P. **Direito processual do trabalho.** 8. ed. São Paulo: Atlas, 2019.

JUS POSTULANDI. In: **Google Tradutor.** Disponível em: <https://translate.google.com.br/?hl=pt-BR&sl=la&tl=pt&text=jus%20postulandi&op=translate>. Acesso em: 28 out. 2021.

LEITE, C. H. B. **Curso de direito do trabalho.** 11. ed. São Paulo: Saraiva Educação, 2019.

LEITE, C. H. B. **Curso de direito processual do trabalho.** 19. ed. São Paulo: Saraiva Educação, 2021.

MAGANO, O. B. **Manual de direito do trabalho**: direito individual do trabalho. 4 ed., São Paulo: LTr, 1993. v.2.

MARTINS, S. P. **Direito do Trabalho.** 29. ed. São Paulo: Atlas, 2013.

MONTENEGRO FILHO, M. **Direito processual civil.** 14. ed. São Paulo, Atlas, 2019.

NASCIMENTO, A. M. **Iniciação ao direito do trabalho.** 18. ed. São Paulo: Ltr, 1999.

PAMPLONA FILHO, R.; SOUZA, T. R. P. **Curso de direito processual do trabalho.** 2. ed. São Paulo: Saraiva Educação, 2020.

PEREIRA, L. **Direito processual do trabalho.** 6. ed. São Paulo. Saraiva, 2019.

RIO GRANDE DO SUL. Tribunal Regional do Trabalho da 4ª Região. **Como tramita um processo.** Disponível em: <https://www.trt4.jus.br/portais/trt4/como-tramita>. Acesso em: 28 out. 2021a.

RIO GRANDE DO SUL. Tribunal Regional Federal da 4ª Região. **Perguntas mais frequentes.** Disponível em: <https://www.trf4.jus.br/trf4/controlador.php?acao=ajuda_faq#)>. Acesso em: 28 out. 2021b.

SANTOS, E. R. dos.; HAJEL FILHO, R. A. B. **Curso de direito processual do trabalho.** 4. ed. São Paulo: Atlas, 2020.

SARAIVA, R.; LINHARES, A. Processo do trabalho: concursos públicos. 14. ed. Salvador: Juspodivm, 2018.

SCHIAVI, M. Manual de direito processual do trabalho. 12. ed. São Paulo: LTr, 2017.

SPED – Sistema Público de escrituração Digital. Disponível em: <http://sped.rfb.gov.br>. Acesso em: 28 out. 2021.

THEODORO JÚNIOR, H. Curso de direito processual civil. Rio de Janeiro: Forense, 2006.

SOBRE AS AUTORAS

Rubiane Bakalarczyk Matoso é advogada, formada em Direito pela Universidade Regional Integrada do Alto Uruguai e das Missões (URI), em Santo Ângelo (RS). Pós-graduada em Direito e Processo do Trabalho e Direito Previdenciário pela Escola da Associação dos Magistrados do Trabalho do Paraná (Ematra) e em Processo Civil pelo Centro Universitário Internacional (Uninter). Mestranda em Educação e Novas Tecnologias pela Uninter. Com mais de oito anos de experiência em assessoria jurídica, auxiliando empresas em todas as questões previdenciárias e trabalhistas, decorrentes das ações gerenciais; atua na gestão de afastados da empresa (doença e acidente de trabalho), na elaboração de contestações e recursos administrativos perante o Instituto Nacional do Seguro Social (INSS) quanto aos nexos de acidentalidades erroneamente atribuídos pela autarquia à empresa e em assessoria jurídica nas áreas do direito trabalhista e previdenciário. É professora na modalidade à distância.

Viviane Corrêa é especialista em Direito e Processo do Trabalho e Previdenciário. Professora na Faculdade Educacional de Colombo (PR). Palestrante nas áreas de direito do trabalho, previdenciário, recursos humanos e departamento pessoal. Ministrou treinamentos em várias cidades do Brasil para o público das seguintes empresas: Conselho Regional de Contabilidade do Paraná (CRC/PR), Fundação da Universidade Federal do Paraná (Funpar), Recicle, Labor Jurídico, Morais Cursos, BBC Treinamentos, Econet Treinamentos, Domínio Legis Assessoria e Treinamento, One Cursos, FAEC e Infolex. Membro do Grupo Permanente de Discussão em Direito do Trabalho da Comissão da Advocacia Iniciante (CAI) da Ordem dos Advogados do Brasil – Seção do Paraná (OAB/PR). Foi consultora trabalhista e previdenciária na empresa Econet Editora. Advogada trabalhista e previdenciária. *E-mail*: vicorrea5@yahoo.com.br.

Os papéis utilizados neste livro, certificados por instituições ambientais competentes, são recicláveis, provenientes de fontes renováveis e, portanto, um meio **respons**ável e natural de informação e conhecimento.

FSC
www.fsc.org
MISTO
Papel produzido
a partir de
fontes responsáveis
FSC® C103535

Impressão: Reproset
Dezembro/2021